門倉貴史

JN276274

イスラム金融入門

世界マネーの新潮流

GS
幻冬舎新書
080

イスラム金融入門／目次

第二章　有力グループ、MEDUSAのパワー　51

第三章 目が離せない、あの国この国 101

図版作成　堀内美保（TYPE FACE）

プロローグ　金融市場の新たな勢力

お金の貸し借りにはなぜ利子がつく？

　近年、世界中の人々が「イスラム金融」に注目するようになってきた。また、BRICs（ブラジル、ロシア、インド、中国）やVISTA（ベトナム、インドネシア、南アフリカ、トルコ、アルゼンチン）に続く新たな日本企業の進出先として、あるいは個人投資家のマネーの投資先として、「イスラム金融」を積極的に振興する国々への関心も高まっている。さらには、「イスラム金融」という言葉が、マスコミも賑《にぎ》わしている。新聞や雑誌、テレビの特集などで「イスラム金融」が取り上げられる機会が目立って増えるようになったのである。

　とはいえ、「イスラム金融」が注目されるようになってから日が浅いということもあって、まだまだ「最近、よく耳にする『イスラム金融』って何だろう？」と思っている人が圧倒的に多いのではないだろうか。

のことである。

「イスラム金融」というのは、「シャリーア」と呼ばれるイスラム法の規則に従った金融取引のことである。

「シャリーア」の内容については第一章で詳しく解説するが、「シャリーア」は、ムスリム（イスラム教徒）に対して利子の取引や豚肉、カジノ、アルコール飲料、ポルノなどを扱う企業への投資を禁じている。イスラム金融商品は、このような「シャリーア」の規則に適合したものに限られる。

「イスラム金融」が、私たちのよく知っている通常の金融取引と最も異なるのは、利子の概念がないという点だ。

資本主義の世界で何気なく生活する私たちにとって、利子の取引はごく当たり前の概念になっている。たとえば、銀行に一定の期間お金を預けておくと元本に利子がついてくる。いまの日本は超低金利時代なので、普通預金でもらえる利子は元本の0・2％程度にすぎないが、昔は10％の利子がつくこともあった。

一方、銀行や消費者金融などからお金を借りるときには、将来、元本に利子をつけた金額を返済しなくてはならない。住宅ローンを組んで、マイホームを購入する際にも、元本に利子をつけて返済する。

世の中には、お金の余っている個人や企業が存在する一方、お金が足りなくて困っている個人や企業も存在する。銀行などの金融機関を仲介にして、こうしたお金の過不足がうまく調整されているのである。

そして、お金の貸し借りをする際に決まってくる、お金そのものの価格が利子なのである。通常、利子が上がると、お金を貸したいと考える人が増えて、お金を借りたいという人が減る。一方で、利子が下がると、今度は逆にお金を貸したいと考える人が減って、お金を借りたいという人が増える。最終的に、お金の供給と需要が一致するところで、利子の水準が決まってくる。これは、基本的にモノやサービスの値段が決まる仕組みと同じだ。モノやサービスの値段も、それを売りたい人の供給と、買いたい人の需要が一致するところで決まる。

もっと簡単にいってしまえば、利子はお金を使うことを我慢することによって得られる報酬、あるいはお金を使う便宜を図ってもらったことに対する謝礼のようなものだ。

米国同時多発テロも急成長の一因

多くの人は「利子のない生活なんて想像できない」と考えているだろう。しかし、実は利子の取引が一般的になったのは、近世以降のことである。意外と思われるかもしれないが、中世まで、利子の取引は、イスラム教に限らず罪悪であるとみなされていたのだ。

利子の取引が罪悪であるという考え方は、ギリシャの哲学者アリストテレスの『政治学』という書物にまで遡《さかのぼ》ることができる。

アリストテレスは『政治学』において、「あたかも、お金に繁殖能力があるかのように、お金がお金を生み出すことは不自然であり、利子の取引は最も非難されるべきものだ」と痛烈に利子の取引を批判している。

だから、中世頃までは金利を取ることで儲けを出す金貸し業者は、世の中の人たちから蔑視《べっし》されることが多かった。たとえば、シェイクスピアの有名な戯曲『ヴェニスの商人』では、ユダヤ人の高利貸しシャイロックが、悪辣《あくらつ》、非道、強欲の社会的に非難されるべき人物として描かれている。シャイロックは、ヴェニスの商人アントニオに3000ダカットのお金を貸した。しかし、アントニオは期日までにお金を返済することができなかった。シャイロックとアントニオが交わした契約書には「期日までにお金の返済ができなければ、胸の肉1ポンドを与える」と書かれていたため、シャイロックはアントニオを亡き者にしようとする。アントニオの訴えを受けた裁判所は、肉を切り取ることは認めたものの、肉を切る際には一滴の血も流してはならないという判決を出した。最終的にシャイロックはすべての財産を失ってしまうことになる。

近代に入って、資本主義と貨幣経済が急速に広がるようになってからは、「金利の取引＝罪悪」という考えは次第に薄れていくようになり、資本主義を標榜《ひょうぼう》する国々の間では、普通に利子の取引が認められるようになった。

その一方、イスラムの世界では、その後も金利の取引が禁止され続け、ここから、欧米の資本主義国家とイスラムの世界で、異なる金融システムが発展していくことになったのである。ただし、イスラムの世界で金利の取引が禁止されていたといっても、実際には、それと似たような取引は行われていた。

ところで、「イスラム金融」が目覚ましい発展を遂げるようになったのは、それほど古いことではない。「イスラム金融」の原型は、第二次世界大戦後のパキスタンやエジプトまで遡ることができるが、近代イスラム金融機関の始まりは、1975年に設立されたドバイ・イスラム銀行とされている。

では、近代的な「イスラム金融」が誕生する以前は、ムスリムたちはどのような金融取引を行っていたのか。「イスラム金融」が確立されていなかった時代には、イスラム法学者によって、「潜脱（ヒヤル）」という方法が考案されており、それがイスラム社会に根付いていた。

「潜脱」というのは、実質的には利子を伴う金融取引を、モノの取引にみせかける行為である。一口に「潜脱」といっても、そこには様々な種類があるのだが、「潜脱」のひとつに「モハトラ契約」というものがある。「モハトラ契約」というのは、商品を掛けで高く売って、それを安い値段でただちに買い戻す行為を指す。

たとえば、いまAさんとBさんの2人がいるとしよう。AさんはBさんに1000円で本を売る契約を結ぶ。その際、Bさんは、3カ月後に本の代金（1000円）を支払う約束にする。そして、AさんはBさんに売った本を、その場でただちに買い戻す。買い戻すときの値段は800円である。

ここで、Bさんの立場になって金の流れを考えると、BさんはAさんから800円を受け取り、3カ月後に1000円を支払うことになる。Aさんが自分の本をBさんからすぐに買い戻しているので、本は、実際にはAさんが持ったままだ。

これは、よく考えると、本というモノの取引をしているようにみせて、実はお金の貸し借りをしているのと同じである。Bさんは最初に800円を借りて、3カ月後に1000円返済するので、200円が3カ月間おカネを借りる際の利子に相当すると考えられる。

昔のムスリムたちは、こうした「潜脱」を巧みに活用することによって、実質的に利子を伴う金融取引を行っていたのだ。

また、近代的な「イスラム金融」が誕生してからも、しばらくの間は、「イスラム金融」の認知度が低く、普及のスピードが遅かったため、ムスリムの多くは、一般銀行など金利の取引を伴う金融機関を利用していた。その際、イスラム教の教義に反することのないように、利子のつかない当座預金におカネを預けたり、あるいは普通預金で預金する場合であっても、元本についてくる金利の部分を寄付に回したりしていた。

そして、「イスラム金融」が本格的な発展をするようになったのは90年代以降のことだ。ＩＲＴＩとＩＦＳＢという「イスラム金融」の専門機関の推計によると、「イスラム金融」の総資産額は２００５年末時点で８０５０億ドルに上る。

これはオランダ一国の経済規模（07年のＧＤＰ〈国内総生産〉７６８７億ドル）をしのぐ大きさだ。世界経済を震撼させたサブプライムローン（低所得層向けの住宅融資）関連の金融商品の損失額が、全世界で８０００億ドル以上に膨らむ可能性があるといわれており、「イスラム金融」の資産規模はそれに匹敵する。95年から04年までの成長率は、年率10～15％にも上るハイスピードだ。

とりわけ、２０００年代に入ってから「イスラム金融」の拡大スピードが加速している。なぜ、２０００年代に入ってから「イスラム金融」が急成長するようになったのだろうか。いくつかの理由が挙げられるが、ひとつには、01年9月11日に米国で発生した同時多発テロの影響がある。

この事件の発生によって、米国の金融機関などに預けられていた膨大なムスリムの金融資産がいつ凍結されるかもわからないという状況になり、ムスリムが自分たちの金融資産を先進国の市場から引き揚げるという動きが出てくるようになった。そして、引き揚げられたお金が

「イスラム金融」のほうへと向かったのである。また、同時多発テロ事件をきっかけに、自分たちのアイデンティティーを失うことを恐れたムスリムたちが「イスラム回帰」の傾向を強めていったことも「イスラム金融」の拡大に拍車をかけた。

さらに、2000年代に入ってから様々なタイプの新しい「イスラム金融」商品が開発されていることも「イスラム金融」の拡大を早める要因となっている。

今後も、「イスラム金融」が年率15％のスピードで拡大していくと仮定すれば、2010年末の総資産残高は1兆6200億ドルに達することになる。

金額があまりにも大きすぎて、なかなかイメージが湧いてこないかもしれないが、1兆6200億ドルという数字は、現時点（07年5月）における世界のヘッジ・ファンドの預かり資産残高（約1兆6000億ドル）に匹敵する規模である。

将来、「イスラム金融」は、世界の金融市場で強い影響力を持ってくることが予想される。また「イスラム金融」が発達している一部の有力新興国では、中東のオイルマネーが政府系ファンドなどを通じて流入しやすくなるので、金融マーケットの発達や高い経済成長が期待できるといえるだろう。

イスラム金融で世界経済の最新潮流が分かる

本書は、成長著しい「イスラム金融」にスポットライトを当てて、イスラム世界に関する予備知識のない初心者でも理解できる分かりやすい入門書を企図《きと》して執筆したものである。

もちろん「イスラム金融」の話にとどまらず、「イスラム金融」を振興する国々の社会・経済についても立体的・多面的に詳しく紹介している。

本書には、前著『世界一身近な世界経済入門』（幻冬舎新書）と同様、東京都に在住する平均的な日本人の夫婦、佐藤良雄さん（36歳）とその妻佳子さん（31歳）が登場する。前著を読んでいない人のために登場人物のプロフィールを確認しておくと、良雄さんは普通のサラリーマン、佳子さんは専業主婦である。

そして、今回新たに佐藤夫婦の家にホームステイしているマレーシアからの留学生アブドラ君（22歳）も登場する。

読者のみなさんは、彼らの日常会話をきっかけにして、「イスラム金融」とイスラム経済についての知識を深めることができるだろう。

各章の内容を簡単に紹介しておく。まず、第一章では、複雑な「イスラム金融」の仕組みについて、できる限り分かりやすく解説する。「イスラム金融」の背景にあるイスラム教についてもみていきたい。

続く第二章では、「イスラム金融」の有力グループとして、筆者の主宰するＢＲＩＣｓ経済研究所が08年1月に提唱した「ＭＥＤＵＳＡ」の国々について紹介する。「ＭＥＤＵＳＡ」というのは、マレーシア（Ｍ）、エジプト（Ｅ）、ＵＡＥ（アラブ首長国連邦）のドバイ首長国（ＤＵ）、それにサウジアラビア（ＳＡ）の4カ国の英語の頭文字をつなげた造語である。

次の第三章では、「ＭＥＤＵＳＡ」以外の国々における「イスラム金融」への取り組みや経済の状況、将来展望について解説する。最近では、巨額のオイルマネーを呼び込もうと、英国やシンガポール、香港など様々な国が「イスラム金融」を積極的に振興するようになってきた。

そして最後の第四章では、ＢＲＩＣｓを筆頭に有力新興国でインフラ投資が活発化している現状と、そのインフラ投資のための資金に「イスラム金融」が活用される可能性について検討していく。

読者のみなさんが本書を通じて、急成長を続ける「イスラム金融」のエッセンスを理解してくだされば、望外の幸せである。

では、早速、第一章に入っていくことにしよう。

第一章 イスラム金融、これだけ知れば大丈夫

一言でいえば、利子の取引がない金融

2008年の春にマレーシアから日本にやってきた留学生のアブドラ君は、佐藤夫妻の好意で、3カ月間、佐藤家にホームステイさせてもらうことになった。
日本での生活にもようやく慣れてきたある日曜日、アブドラ君は朝食を済ませた後、佳子さんと談笑していた。居間のほうで、くつろぎながら新聞を読んでいた良雄さんは、ふとある記事に目が留まった。その記事は、近年「イスラム金融」が急成長しているといった内容であった。

良雄「最近、新聞や雑誌で『イスラム金融』という言葉をよく目にするようになったけれど、『イスラム金融』とは一体どのような金融のことを指すのだろうか？」

佳子「え？『イスラム金融』？私にはチンプンカンプンだけど、せっかく、アブドラ君がホームステイしているんだから、アブドラ君に聞いてみたらいいんじゃない？」

アブドラ「良雄さん、『イスラム金融』のことなら僕に聞いてください。私の母国マレーシアでも『イスラム金融』を振興しているので、大抵のことは答えられると思いますよ」

良雄「さすがはアブドラ君、頼もしいなあ。それじゃあ、早速素人でも分かるように『イスラム金融』のエッセンスを教えてよ」

アブドラ「えーと、『イスラム金融』というのは、イスラム教の教えにそった金融のことです。イスラム教の教えが分かっていないと理解しづらいかもしれませんが、一言でいえば、利子（リバー riba）の取引がない金融のことですよ。私たちが信仰するイスラム教の世界では利子の取引が固く禁じられているのです。利子の禁止は、イスラム教の聖典となっている『コーラン』にも書かれています。なぜ、利子が禁止されているかというと、利子は、働かないで寝ていても発生する利得だからです。イスラム教では不労所得が禁止されていますが、利子もそうした不労所得の一部と考えられるのです」

良雄「えっ？　利子の取引がない金融？　利子の取引は金融の基本だと思うんだけど、利子がなくても金融取引は成り立つのかい？」

アブドラ「全然問題ありませんよ。利子という概念を使わなくても、リースの仕組みなどをうまく使えば、金融ビジネスは十分にやっていけるのです」

佳子「『イスラム金融』は、イスラム教を信仰している人しか利用することができないのかしら？」

アブドラ「そんなことはありませんよ。イスラム教が他宗教に対して寛容であるのと同様に、『イスラム金融』はイスラム教徒以外の人が利用することもできます。現在では『イスラム金融』を利用する人の4分の1は非イスラム教徒なんですよ」

良雄「へえ、そうなんだ。『イスラム金融』は興味深いなあ。これから僕も詳しく勉強してみるよ」

佳子「面白そうね。私も一緒に『イスラム金融』の勉強をするわ」

アブドラ「分からないことがあったら、僕に何でも聞いてくださいね」

すべての行動を規定する「シャリーア」

アブドラ君の話にもあったとおり、私たちが複雑な「イスラム金融」の仕組みを理解するには、その前段階として「イスラム金融」を規定する宗教である「イスラム教」やそれに基づく「シャリーア」（イスラム法）について、ある程度の予備知識を持っていなければならない。そこで、以下ではイスラム教という宗教がどのように成立し、またどのような教えを説いているのかを簡単に整理しておこう。

読者のみなさんもご承知のとおり、イスラム教は、キリスト教、仏教とならんで世界三大宗教のひとつとされている。イスラム教は、7世紀の初めに預言者ムハンマド（570年頃～632年）という人が興した宗教である。ここで預言者というのは、神の言葉を預かって、それを人々に伝える者を指す。

ムハンマドは、当時の商業都市メッカで生まれた。彼が生まれたときに、すでに父親は亡くなっており、母親もムハンマドが幼いときに亡くなった。ムハンマドは、祖父やおじさんによって育てられたのである。孤児として薄幸の少年時代を過ごしたムハンマドは、成人すると隊商貿易に従事するようになった。

やがて、アラビア半島で様々な修行を積んだムハンマドは、40歳頃、宇宙の創造者・支配者である唯一神アラーの啓示を受けた。ムハンマドは、天使から「アラーの教えをアラビアの人たちに伝えるように」と告げられたのである。

啓示を受けたムハンマドは早速、使命感に燃えて人々にアラーの教えを説いて回ったが、当時の支配階級の人たちに迫害されて、622年にメッカという場所からメディナという場所に逃れた。この出来事はヘジラ（聖遷《せいせん》）と呼ばれている。

その後、ムハンマドとその信徒たちは、メディナの地で少しずつ勢力を強化していき、630年にメッカを征服した。その後、イスラム教はアラビア半島全体に浸透していくようになった。

ムハンマドが興したイスラム教の大きな特徴としては、①アラーを唯一神とする一神教である、②正義を最高の道徳とする、③神の前に万人は平等であり、階級制は認めない、④偶像を崇拝することを禁止する、⑤一夫多妻主義である、⑥他宗教に対して寛容である、などといった点が挙げられる。

イスラム教の教典は「コーラン」(「声を出して読むべきもの」という意味)である。「コーラン」はムハンマドがアラーの神から授かった啓示を収録したもので、唯一神アラーの言葉そのものとされている。ムハンマドの死後、カリフ(ムハンマドの後継者)たちによってまとめられた。もうひとつ、イスラム教にとって重要な書物が「ハディース」(伝承)である。「ハディース」というのは、ムハンマドが生きていた頃の慣行(スンナ)をまとめたものだ。

そして、イスラム教の聖典「コーラン」と「ハディース」の教えに基づいて作られた法律が、「シャリーア」と呼ばれるイスラム法である。

「シャリーア」の法源は、「コーラン」と(スンナをまとめた)「ハディース」の2つだが、さらに、「イジュマー」と「キャース」を加える場合もある。「イジュマー」とは、イスラム法学者の間で生まれた特定の事象に関する合意のことで、「キャース」というのは、何か新しい事象が起きたとき、その事象に関して「コーラン」や「ハディース」をもとに類推して出てくる解釈のことを指す。

法律といっても、近代国家が定めた法律とは少し意味が異なる。「シャリーア」は、「水場にいたる道」を意味するアラビア語で、「やっていいこと」や「やってはいけないこと」などムスリムが守るべき戒律をきめ細かく定めているのだ。

「シャリーア」は、信仰のみならず、人々の日常生活全般をも規定する法律となっている。たとえば、「シャリーア」では盗みをした人は手首を切り落とされる。また、不倫をした人は死刑になる。

「シャリーア」のなかで、信仰に関する部分は「イバダード」、日常生活に関する部分は「ムアラマート」と呼ばれて区別されている。

これから詳細にみていく「イスラム金融」は、この「シャリーア」のなかにある「ムアラマート」で定められた金融活動の規範に適合した金融取引のことを指す。「シャリーア」は次のような行為を禁止しているので、これらの禁止事項に抵触しない金融取引のみが認められる。

①金銭の使用に際して利息を課すこと
②契約中の不確実性
③投機的な行為
④豚肉、酒類、タバコ、武器、ポルノなどの使用やその取引

シャリーアにグローバル・スタンダードはない

これまでの話で「シャリーア」という法律が「イスラム金融」の基本になっていることがお分かりいただけたのではないか。

ただ、読者のみなさんに注意していただきたいのは、「シャリーア」には、すべての国やムスリムに通用するような、いわゆる「グローバル・スタンダード」(国際標準)は存在しないということだ。

他の宗教と同じように、イスラム教にも様々な宗派が存在している。大きなくくりとしては「スンニー派」と「シーア派」がある。

両派はムハンマドの後継者をめぐって分派したもので、「スンニー派」は、預言者ムハンマドの言行を重視し、ムハンマドの意思を体現することに重きを置く。それに対して、「シーア派」は、ムハンマドのいとこで娘婿《むすめむこ》でもあったアリーとその子孫を指導者(イマーム)として、その指導を重視する。

人数が多いのは「スンニー派」のほうで、現状ではイスラム人口のおよそ9割が「スンニー派」で占められている。

どの宗派に属するかによって、「シャリーア」の解釈は異なってくる。また同じ宗派であっても、シャリーアの解釈には違いがある。たとえば、同じ「スンニー派」であっても、「シャリーア」の解釈をめぐっては、4つの法学派に分かれている。

そして「シャリーア」の「ムアラマート」をどのように解釈するかによって、それが規定する金融活動にも様々な違いが出てくることになる。

だから、一口に「イスラム金融」といっても、それが意味する内容は、国や地域によって微妙に異なる。

そのため、「イスラム金融」は、米国型の金融資本主義のように「グローバリゼーション」の波に乗って一律に普及・発展していくことにはならないといわれている。

専門委員になれるのは世界で100人足らず

「この金融商品は『イスラム金融』として認められますね」、「これは残念ながら、『イスラム金融』とはいえませんね」というように、ある金融商品が「シャリーア」の教えと合致しているかどうかは、一体誰がどのようにして決めるのか。それをつかさどるのが「シャリーア委員会」という専門機関だ。

「シャリーア委員会」は、「ウルマー」とか「シャリーア・アドバイザー」などと呼ばれる複数のイスラム法学者によって構成された専門組織で、「イスラム金融」を手がける金融機関は、必ず「シャリーア委員会」を設置しなければならない。これは義務である。また、マレーシアやパキスタン、UAE（アラブ首長国連邦）、バーレーンのように、国によっては、金融機関ごとの「シャリーア委員会」とは別に、政府や中央銀行が「シャリーア委員会」を設置しているところもある。「シャリーア委員会」は、金融商品が「シャリーア」に適合するかどうかを判定するだけでなく、金融機関の「イスラム金融」活動を監督する役割も果たしている。

それぞれの「シャリーア委員会」には、複数のイスラム法学者が在籍している。厳密には、ひとつの「シャリーア委員会」に、最低でも3人のイスラム法学者が必要とされるが、「シャリーア委員会」の構成員の必要最低人数は、各国ごとにバラツキがみられる。ただ、どの「シャリーア委員会」であっても、メンバーのイスラム法学者が1人だけということはない。なぜかといえば、「シャリーア」に適合しているかどうかという判断や解釈は微妙で、それまでの経験に基づく個人的な考えに判定結果が左右されてしまうケースが多いからだ。このため、複数のイスラム法学者で議論をして、ある金融商品が「シャリーア」に適合するかどうかを決める。イスラム法学者の間で意見が合わない場合には、最終的に多数決によって決めることになる。

弁護士や医師のような、「シャリーア委員会」のメンバーになるための公的な資格というものはないが、だからといって誰でもなれるというわけではない。「シャリーア委員会」のメンバーになるには、イスラム教に関する知識と金融商品に関する知識の両方を兼ね備えている必要がある。

実際のところ、そうした人材は非常に少ないというのが現状であり、「イスラム金融」が急拡大する一方で、「シャリーア委員会」のメンバーの人材不足が深刻化しているという。「シャリーア委員会」のメンバーになれるイスラム法学者は全世界で100人にも満たない。さらに、英語の知識も併せ持ったイスラム法学者ということになると、わずか20人程度になってしまう。

人材不足が深刻化しているため、1人のイスラム法学者がいくつかの「シャリーア委員会」のメンバーを兼任しているといったケースも少なくない。とくに、世界的に名前を知られたイスラム法学者の場合、あちこちのシャリーア委員会から引っ張りダコになってしまう。人気者はつらいといったところか。

「シャリーア委員会」のメンバーになれるイスラム法学者の不足が深刻化していることから、「イスラム金融」を振興する国々では、独自に「イスラム金融」の専門家を育成していこうという動きが出始めている。

たとえば、マレーシアの場合、マレーシア中央銀行が「イスラム金融教育国際センター」（INCEIF）を設立し、国内外からたくさんの学生を受け入れて「イスラム金融」の専門家を輩出しようとしているところだ。イスラム金融教育国際センターは、07年末に博士課程を新設した。

利子なしで利益を上げる4つの仕組み

多くの読者は、「利子の受け渡しがなくて、銀行はどうやってビジネスを展開できるのか？」

「利子がなければ、銀行は商売あがったりになってしまうのではないか？」と疑問に思うことだろう。

しかし、そんなに心配する必要はない。「イスラム金融」の世界では、ビジネスへの投資によって得られた収益を分配する仕組みや、リース（賃貸借）の取引の仕組みがうまく活用されているので、利子の取引を回避しながらでも、利益を上げることができるのだ。

そこで、以下では金利の取引を回避した「イスラム金融」のカラクリをできるだけ分かりやすく紹介していきたい。

「イスラム金融」は大きく分けると、①「ムラーバハ」(Murabahah)、②「イジャーラ」(Ijarah)、③「ムダーラバ」(Mudharabah)、④「ムシャーラカ」(Musyarakah) という4つの取引形態がある。

何か食べ物の名前のようにも聞こえてしまうが、4つの取引形態は「イスラム金融」の仕組みを理解するうえで非常に重要なキーワードである。ひとつひとつの仕組みについて詳しくみていこう。

まず「ムラーバハ」というのは、銀行がお客さんの代わりに商品を購入して、その商品に一定のマージン（利益）をのせてお客さんに販売するという仕組みである。図表1に示したような商品・お金の流れになっている。

図表1 **ムラーバハの仕組み**

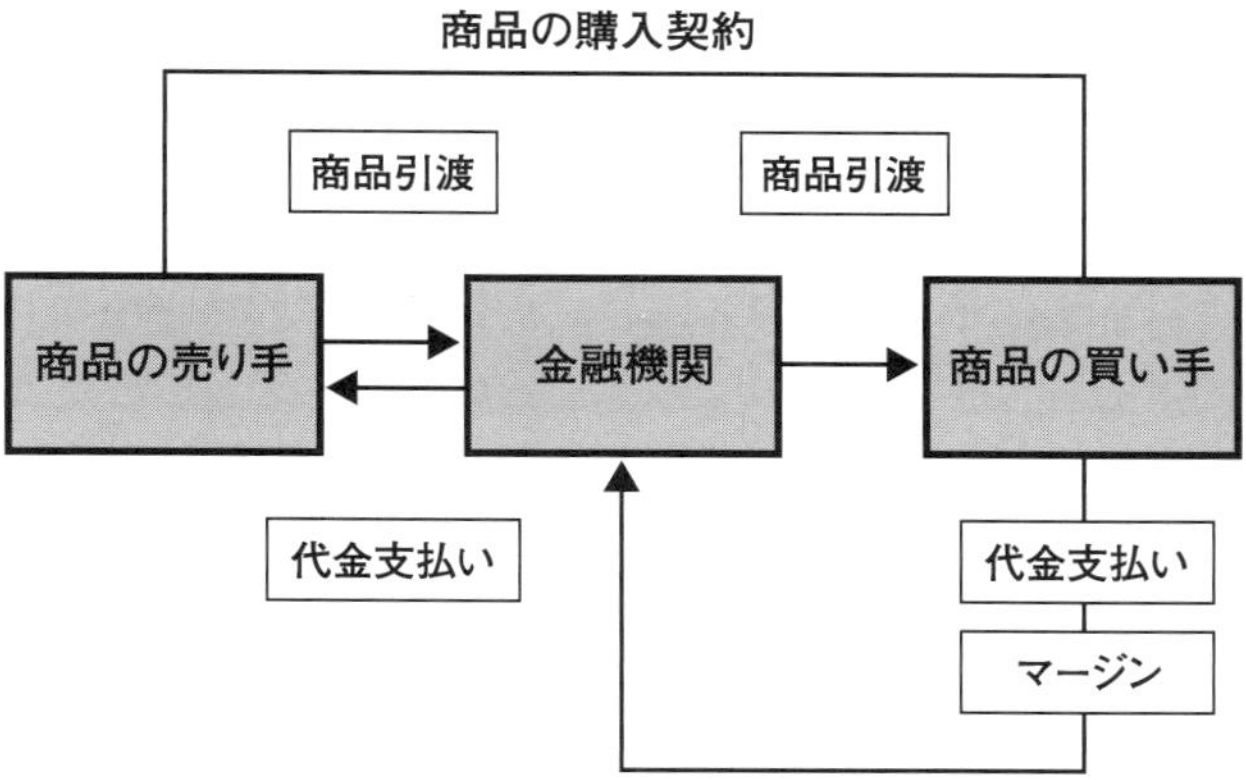

（出所）BRICs経済研究所作成

ここでマージンの部分が銀行の収益となる。お客さんは、銀行から自動車や機械などの商品を先に受け取って、後からお金を銀行に支払う。分割払いをすることもできるが、その際、返済が遅れることによる利子はつかない。

「ムラーバハ」は、銀行が、お客さんが欲しい商品を製造業者から仕入れて、それを販売するという仕組みだから、銀行は金融機関というよりは、むしろ小売業や問屋と同じ役割を果たしていることになる。

「ムラーバハ」は、あらゆる「イスラム金融」のなかで最も多く利用されている金融取引で、現状では「イスラム金融」全体の約7割が、この「ムラーバハ」によって占められている。

次に、「イジャーラ」というのは、アラビア語で「賃貸借契約」を意味する言葉で、リース

図表2 イジャーラの仕組み

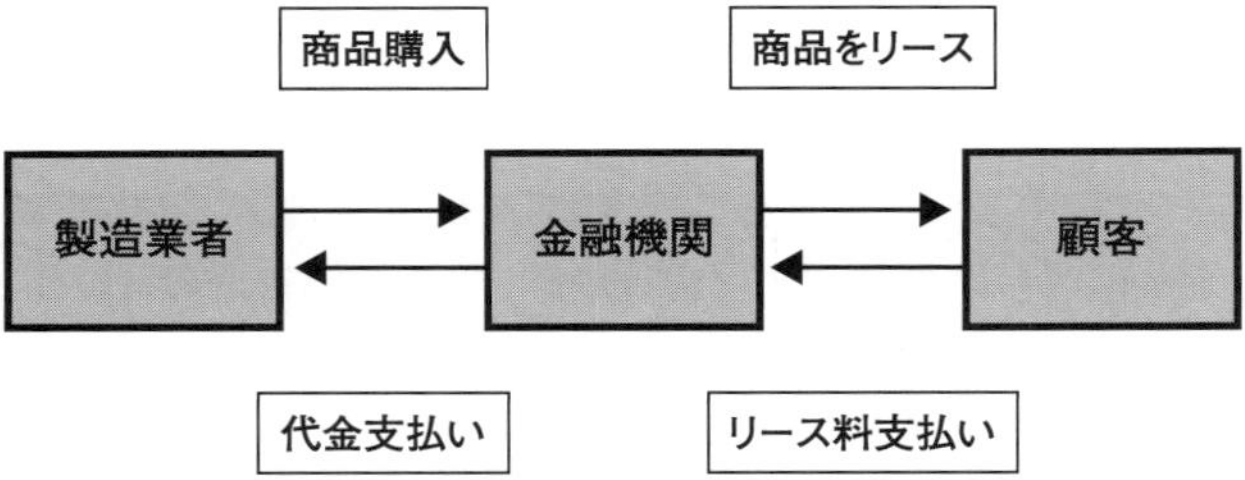

（出所）BRICs経済研究所作成

の形態を使った「イスラム金融」のことである。「シャリーア」は、モノの所有を「所有権」と「用益権」に分けているので、「イジャーラ」では、モノの所有のうち「用益権」の部分を切り離して銀行がお客さんに販売することになる。

具体的には、銀行がお客さんの代わりに製造業者から商品を購入して、その商品の所有権を持つ。そのうえで、商品をお客さんに一定期間リースするというものだ。定期的にお客さんから受け取るリース料が銀行の収益となる。「イジャーラ」は図表2に示したような商品・お金の流れになっている。一言でいえば、銀行が自分の購入した商品をお客さんに貸し出すという仕組みだ。

また、リースの期間が終了した後に、銀行が持っていた「所有権」をお客さんに移転する取

図表3 ムダーラバの仕組み

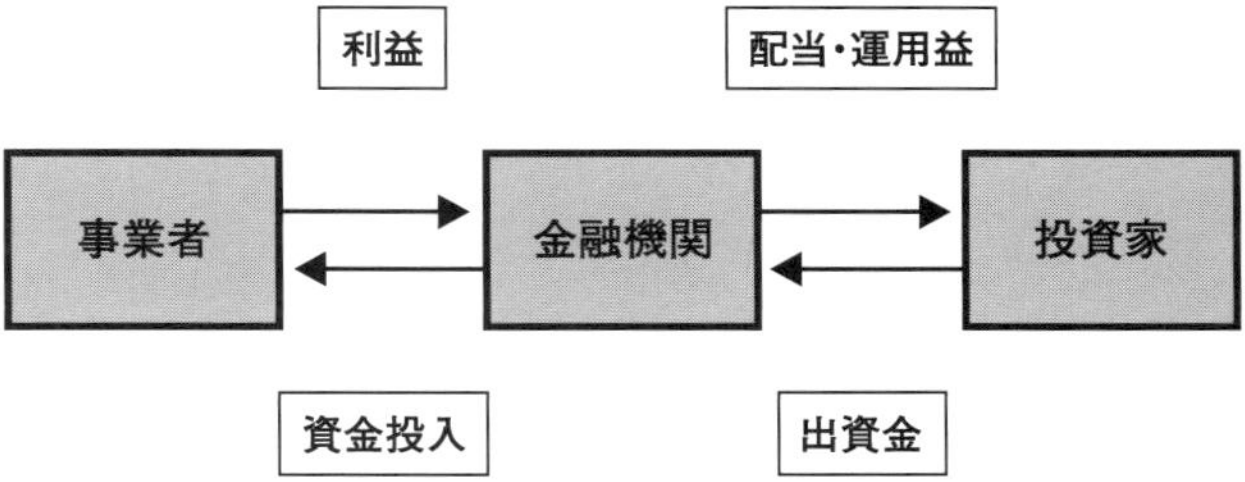

（出所）BRICs経済研究所作成

引の形態もある。これは「イジャーラ・ワ・イクティーナ」と呼ばれる。「イジャーラ・ワ・イクティーナ」は、主に住宅ローンなどに活用されている。

一方、「ムダーラバ」は、銀行が投資家（ムダーリブ）からお金を預かって、そのお金を様々な事業に投資する。そして、その事業から得られた収益を、あらかじめ決められた割合で、投資家と事業者で分け合う「イスラム金融」のことだ。通常は、何かの事業を行う会社と投資家の間で半分ずつ利益を分け合う。「ムダーラバ」は、資本主義の経済で、投資家が銀行を通じて、ベンチャービジネスに投資をするのに似た取引形態といえる。「ムダーラバ」では、図表3に示したお金の流れになる。

もちろん、利益をもらうことを期待して出資

図表4 ムシャーラカの仕組み

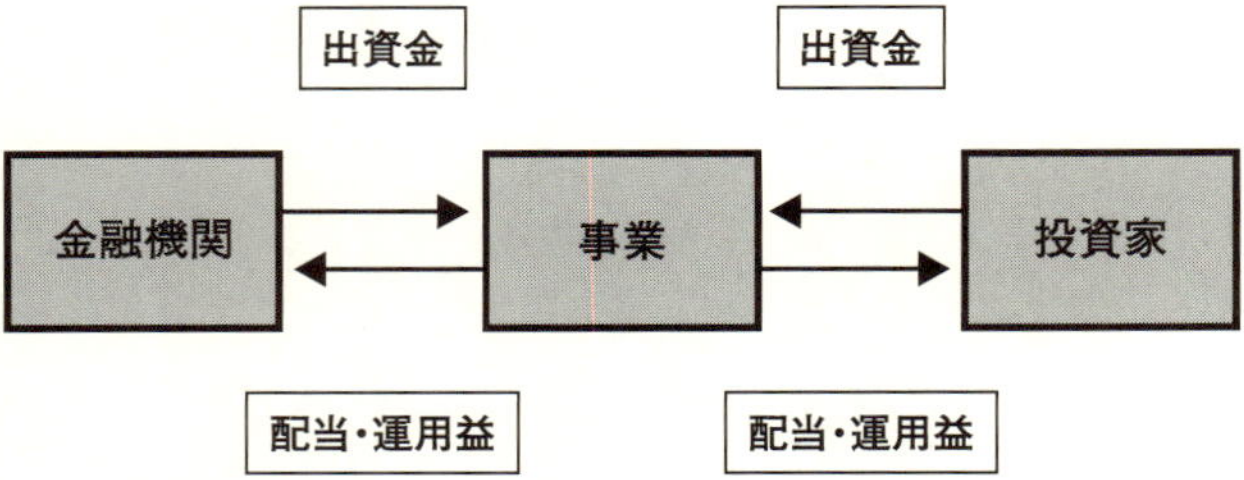

（出所）BRICs経済研究所作成

しても、出資した事業が成功するかどうかは分からないので、もし事業が失敗した場合には、投資家も損失を被《こうむ》ることになる。投資家は、ひとつの事業だけに投資をすると、損失のリスクが大きくなるので、銀行が仲介役となって、複数の事業に分散して出資をすることが多い。

最後に、「ムシャーラカ」は、銀行と投資家が手を結んで、事業の共同経営を行うという「イスラム金融」だ。「ムダーラバ」では、銀行は事業の経営には口を出さないが、「ムシャーラカ」では、共同経営というかたちになるので、銀行が経営に口を出してくる。事業によって得られた利益は、投資家と銀行の間で分け合うことになる。「ムシャーラカ」では、図表4に示したお金の流れになる。

先に紹介した「ムダーラバ」の取引形態は、

短期のプロジェクトで活用されることが多い。それに対して「ムシャーラカ」の取引形態は、比較的長期のプロジェクトで活用されることが多いという特徴がある。

イスラム金融債「スクーク」で資金調達

前述したとおり、「イスラム金融」の世界では、「ムラーバハ」、「イジャーラ」、「ムダーラバ」、「ムシャーラカ」の4つのタイプがビジネスの基本となっている。そして、この4つのタイプをベースにして、それを応用した様々な金融商品が開発されている。

「イスラム金融」の応用編のひとつとして、イスラム金融債（スクーク）が挙げられる。「スクーク」というのは、「イジャーラ」や「ムシャーラカ」をベースにしてつくられた金融商品のことだ。「スクーク」の発行高は、年々急増しており、06年の発行高は全世界で200億ドルを突破した（図表5）。この200億ドルという数字は、米国の07年におけるインターネット広告の売上高（211億ドル）に匹敵する規模である。

「スクーク」の仕組みは、私たちがよく知っている国債（国が発行する債券）や社債（企業が発行する債券）とほとんど同じなのだが、「イスラム金融」の枠組みなので、投資家が「スクーク」を購入しても元本に金利はついてこない。金利を受け取る代わりに収益の配分やリース料を受け取るというかたちになる。

図表5 グローバル・スクークの発行高の推移

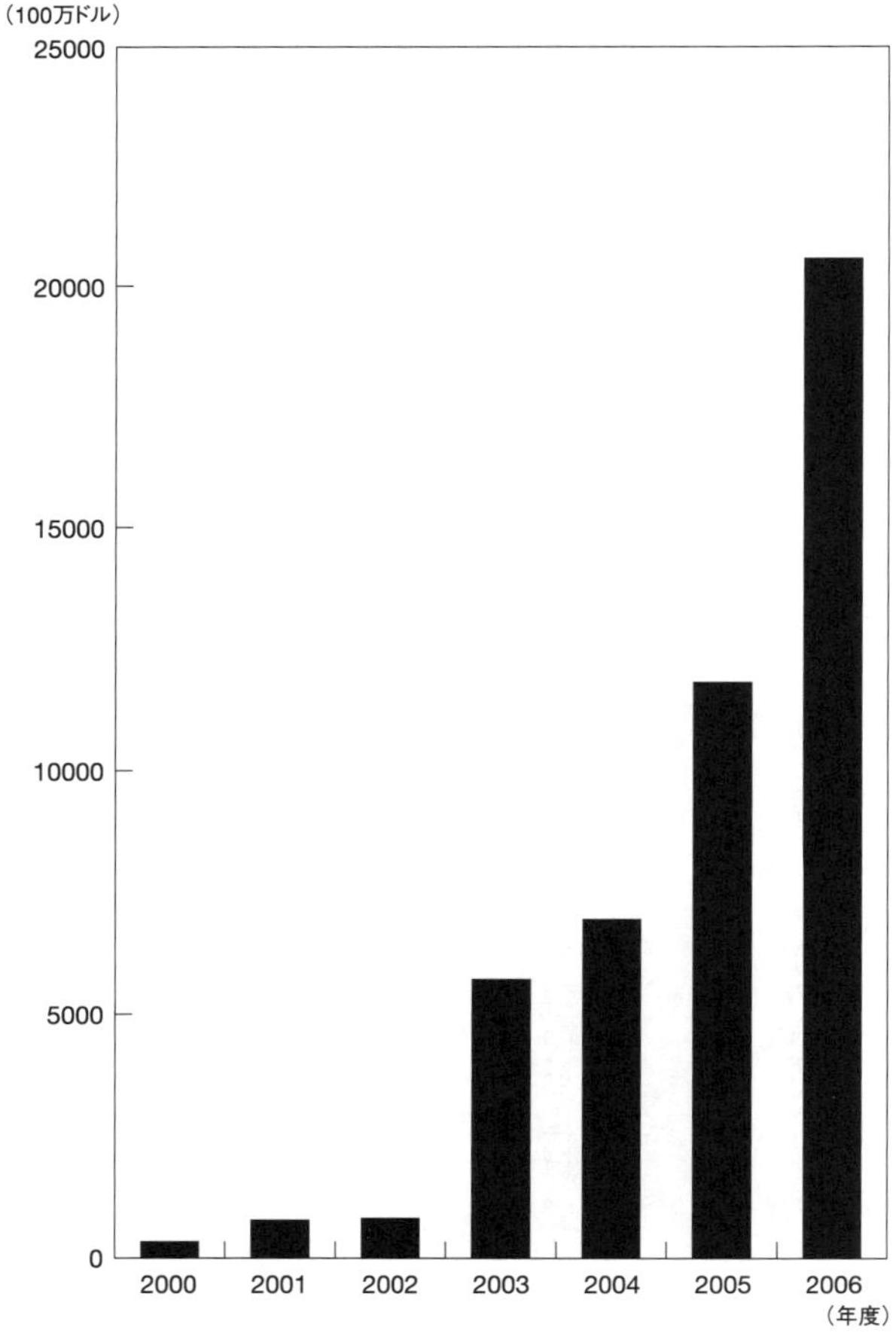

(出所)IIFM資料

たとえば「イジャーラ」をベースにした「スクーク」の場合には、次のような仕組みとなっている。

まず、投資家から資金調達をしたいと考える会社は、「スクーク」を発行するための特別目的会社（special purpose company　SPC）を設立する。「スクーク」を活用して事業を行う会社は、新たに設立した特別目的会社に、機械などの設備資産を移転する。設備資産の移転が終わると、特別目的会社は、投資家向けに「スクーク」を発行する。そして、特別目的会社は「スクーク」の販売によって集めた資金を、資産購入金額（会社は設備資産を特別目的会社に移転しているので）として、実際に事業活動を行う会社に支払う。

以降、会社は特別目的会社が持つ設備資産の賃借人という扱いになり、特別目的会社に、あらかじめ決められた一定の期間リース料を支払っていく。

リース料を受け取った特別目的会社は、これを投資家に分配する。この分配されたリース料が、投資家が受け取る利益となる。

特別目的会社は、分配金という名目で「スクーク」を購入した投資家にリース料を支払うのだ。そしてリースの期間が終わるときに、事業を行っていた会社は、特別目的会社に移転していた設備資産を買い戻す。買い戻した金額が、特別目的会社が「スクーク」購入者に対して元本を返済する際の原資になるという仕組みだ。

一方、「ムシャーラカ」をベースにした「スクーク」もある。その仕組みは、次のようになっている。

まず、特別目的会社は、実際にビジネスを行う会社との間で、共同事業の契約（ムシャーラカ）を結ぶ。そして、実際にビジネスを行う会社は、生産活動を行うための設備や技術、マネジメントなどを共同事業に投じる。

そのうえで、特別目的会社は、「スクーク」を発行して、取得した資金を共同事業に投資する。そして、この共同事業から得られる利益が、「スクーク」購入者に対する元利の支払い金になるというわけだ。「ムシャーラカ」を利用した「スクーク」の場合、共同事業に失敗したときには、デフォルト・リスクが生じることになるので、特別目的会社と実際にビジネスを行う会社との間で買取契約が結ばれることが多い。

事業に失敗した場合には、特別目的会社が事業者に設備などを買い取ってもらい、その代金をスクーク購入者への元利払いに充てるというわけだ。

イスラム保険「タカフル」は「喜捨」の行為

「イスラム金融」の基本スキームを応用して開発された、もうひとつの金融商品が「タカフル」と呼ばれるイスラム金融保険である。

伝統的な「シャリーア」のもとでは、保険に関わるビジネスは、契約中の不確実性、投機的な行為といった禁止条項に明らかに抵触するため、保険を金融商品として取り扱うことは事実上不可能であると考えられていた。

しかし、「シャリーア」は同時に、ムスリムに対して相互扶助や寄付など、困っている人を助けることを勧めてもいるため、イスラム法学者は、この部分を強調するようなかたちで保険商品を作り上げた。それが「タカフル」である。「タカフル」には、生命保険に相当する「ファミリー・タカフル」と、損害保険に相当する「ジェネラル・タカフル」の2つのタイプがある。

「タカフル」の仕組みを解説すると、まず「タカフル」の契約をした人は、保険会社に対して一定の期間、保険料を支払う契約を結ぶ。ただし、保険会社から保険金や配当金を受け取る契約は結ばない。その代わりに、保険会社が資産を運用して得られた利益の一定の割合を受け取る契約を結ぶ。

「タカフル」の契約者が支払った保険料は、個人名義の口座（PA口座）と特別口座（PSA口座）に分けて振り込まれる。

保険の契約期間中に何も事故が起こらなかった場合、「タカフル」の契約者は個人名義の口座に入っていた資産とその運用益をまとめて受け取ることができる。保険の契約期間中、不幸にも何らかの事故が発生した場合には、特別口座のほうから「喜捨《きしゃ》」（ザカート）の位置づけで、保険金が支払われることになる。「喜捨」というのは、自分の財産の一部をイスラム共同体のために差し出す行為を指す。

イスラム教の世界では、真のムスリムは信仰の基本である「六信」とそれに伴う儀礼としての「五行」を備えていなければならないとされる。「六信」とは、神・天使・聖典・預言者・来世・天命のことであり、「五行」というのは、信仰告白・礼拝・断食・喜捨・巡礼で、「喜捨」は「五行」のなかに含まれているものだ。

「喜捨」という位置づけになっているので、事故が発生したときにもらえる保険金は、通常の保険で受け取れる金額に比べるとずっと少なくなる。

個人名義の口座や特別口座にプールされた資金は、保険会社が「イスラム金融」の手法で運用していくことになる。

そして、「スクーク」や「タカフル」など様々なタイプの「イスラム金融」を専門に手がける金融機関が「イスラム銀行」である。

イランやスーダンのように国内にある金融機関がすべて「イスラム銀行」となっている国もあるが、「イスラム金融」を振興しているほとんどの国は、イスラム銀行と一般銀行を併設している。

第三章で詳しく触れるが、これまでの各国の経験を振り返ると、すべての金融機関を「イスラム銀行」にしてしまった国では、経済・社会に様々なひずみが生じており、一般銀行と「イスラム銀行」を併設している国のほうが経済・社会がうまく機能している。

金融のイスラム化を徹底したイスラム国に共通する特徴は、すべての金融機関を「イスラム銀行」にした結果、銀行と国家・政府の結びつきが強まり、「イスラム銀行」からの貸し出しが政府のプロジェクトに集中してしまい、民間の企業が締め出されて、「イスラム銀行」から資金調達をして経済活動を行うことが困難になるという点だ。

また、各国の国内にはムスリムではない国民もいるし、たとえムスリムであっても金利の受け取りを伴う金融取引を行いたいと考える人もいる。だから「イスラム金融」と一般金融が共存しているほうが、利用者にとっては選択肢の幅が広がるという意味で望ましい面があるのだ。

なお、「イスラム銀行」には、「イスラム金融」だけに特化した「イスラム専門銀行」と、「イスラム金融」と一般金融の両方を兼務する銀行の2つのタイプがある。後者の銀行で、イスラム窓口の部分を「イスラミック・ウィンドウ」という。

図表6 全世界のイスラム金融資産残高（2005年末時点）

部門	資産残高（10億ドル）
イスラム銀行	250.0
イスラミック・ウィンドウ	200.0
パキスタンのモダバラ会社	0.3
その他の銀行部門	4.0
スクーク	18.0
マレーシア国内債券	17.0
イスラム・ファンド	11.0
シャリーア適格株式	300.0
タカフル	5.0
合計	805.3

（出所）IRTI&IFSB資料

全世界で急増するムスリムのリテール市場

プロローグのところでも少し触れたが、「イスラム金融」の総資産額は、05年末時点で8050億ドルに上る。

イスラム金融資産の内訳は、図表6に示したとおりだ。多様なイスラム金融資産のうち、最も資産規模が大きいのは「シャリーア適格株式」で、3000億ドルとなっている。3000億ドルという数字は、07年のデンマークのGDP（国内総生産）（3119億ドル）に匹敵する金額である。「シャリーア適格株式」というのは、「シャリーア委員会」において、「シャリーア」の教えに適合すると判断された企業への株式投資のことである。当然のことながら、豚肉、タバコ、アルコールの生産を行っている企業は「シャリーア適格株式」には入らない。

「シャリーア適格株式」の次に資産規模が大きいのが「イスラム銀行」で、2500億ドルとなっている。また「イスラミック・ウィンドウ」の資産規模も2000億ドルに上る。

年率15％というハイスピードで拡大を続ける「イスラム金融」は、今後も速いスピードで発展していく可能性が高いといわれる。仮に、現在と同じスピードで「イスラム金融」が発展していくとすれば、その資産規模は2010年に1兆6200億ドルとなり、2015年には3兆2580億ドルにも達することになる（図表7）。

「イスラム金融」の拡大が続く一番の理由として挙げられるのは、「イスラム金融」を利用する、ムスリムの人口が全世界で急速に増えているということだ。世界のムスリム人口は、15億6528万人で、世界人口の24・79％を占める。ちなみに『ブリタニカ国際年鑑2005』によると、宗教人口が最も多いのがキリスト教徒で、全世界で20億6988万人に上る。その次に多いのがムスリムで、3番目に多いのがヒンドゥー教徒（8億3726万人）となっている。三大宗教のひとつとされる仏教徒の数は、3億7297万人である。

しかも、ムスリムの人口は毎年2～3％という高い伸び率で増え続けており、いずれは世界の宗教人口で最大となっているキリスト教徒の数を追い抜くともいわれている。

なぜ、ムスリムの人口がこれほどの勢いで増加しているかといえば、イスラム教の世界では、妊娠や出産を人間がコントロールすることを禁じており、多産の女性が多くなっているためと

図表7 イスラム金融資産の規模の予測

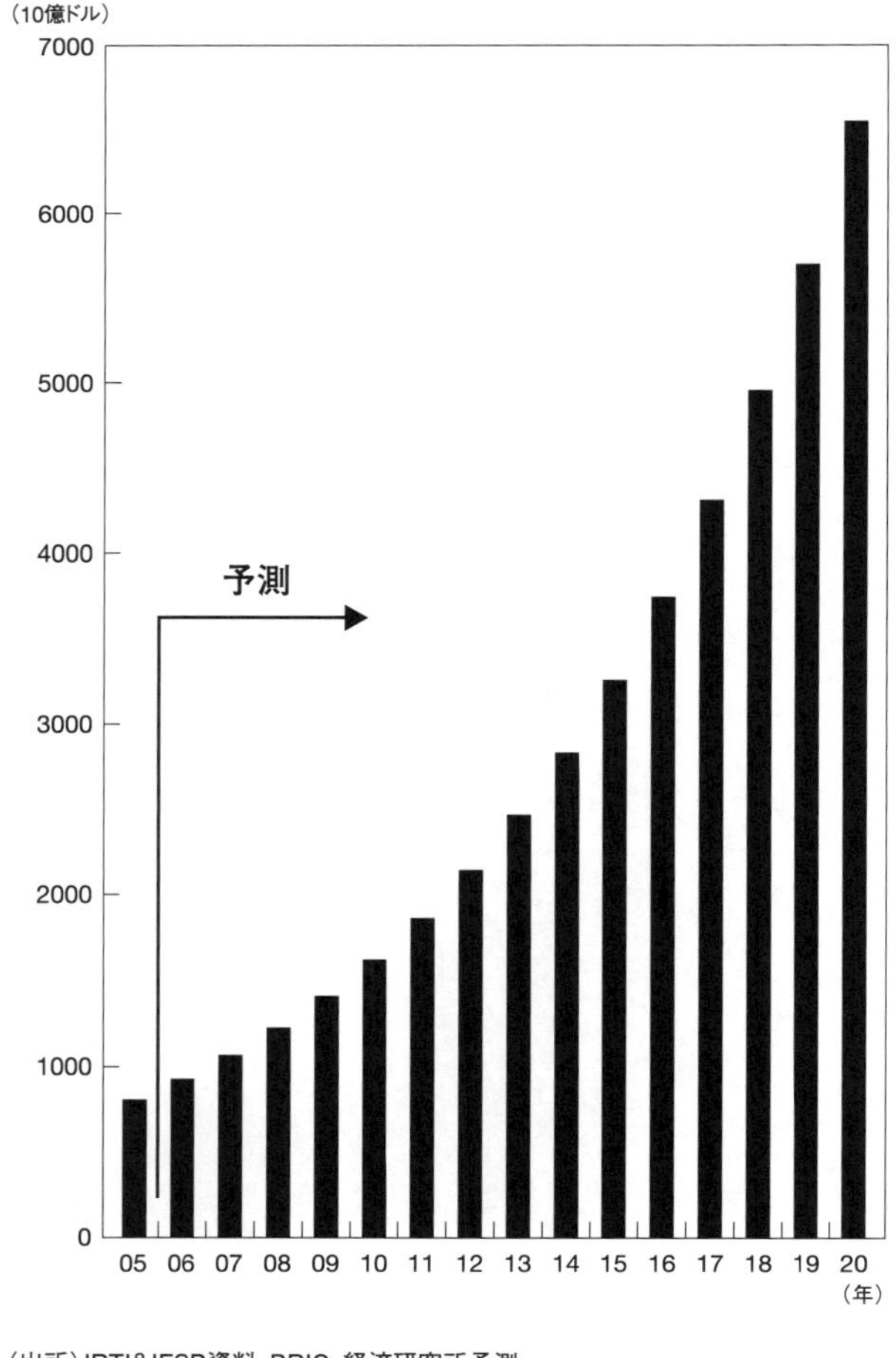

（出所）IRTI&IFSB資料、BRICs経済研究所予測

考えられる。イスラム教だけではなく、キリスト教においても産児制限は教義に反する。ただ、厳格なカトリックやプロテスタント（新教）のなかの保守的な福音派は別として、プロテスタントは、女性の選択を尊重するとの立場からおおむね中絶を否定していない。イスラム教に比べるとキリスト教のほうが産児制限については寛容といえるだろう。たとえば、プロテスタントの多い米国では、１９７３年に連邦最高裁が人工妊娠中絶を事実上容認する判決を下した。

また、欧米では人々のキリスト教離れが進んでおり、ヒスパニック系の移民を中心にキリスト教からイスラム教に改宗する人も増えてきている。２００１年９月に発生した同時多発テロ事件以降、イスラム回帰の動きが強まって中東諸国でムスリムの結束力が強化されると同時に、欧米でキリスト教からイスラム教への改宗者も増えているので、ムスリム人口の増加スピードが、キリスト教徒の増加スピードよりも速くなるというわけだ。ムスリムの人口が増えてくれば、当然、「イスラム金融」も拡大していくことになる。

各国の「イスラム金融」のポテンシャリティ（可能性）を判断するうえでは、その国に居住するムスリム人口がひとつの材料になる。

現在、世界最大のムスリム人口を抱えるのは、インドネシアとなっており、その数は06年現在、１億９５２７・２万人（インドネシアの総人口の88・０%に相当）に達する。

２番目にムスリム人口が多いのは、パキスタンで、その数は１億５７５２・８万人（パキスタンの総人口の97・0％）となっている。

そして、3番目にムスリムが多いのがイスラム教の国家ではないインドで、その数は1億5450・4万人（インドの総人口の13・4％）となっている。

このように、インドネシア、パキスタン、インドはムスリムの人口が巨大であるため、今後「イスラム金融」のリテール市場が大きく発展する余地が大きいといえるだろう。

巨額なオイルマネーの受け皿にも

また、これまでの原油の国際価格の高騰《こうとう》によって、中東の産油国がオイルマネーで潤っていることも、今後「イスラム金融」が発展していくうえで、追い風になるだろう。

原油の国際価格は、01年時点では1バレル＝25・9ドルだったのだが、その後、高騰するようになり、08年4月には一時1バレル＝120ドル程度と、過去最高の水準を記録した。

原油の国際価格が高騰している背景には、中国やインドをはじめとする巨大な有力新興国で工業化やモータリゼーションが進展して、世界的に原油の需給が逼迫《ひっぱく》していることがある。

また、世界的なカネ余り現象が続くなか、07年の夏場に米国で発生したサブプライムローン（低所得層向けの住宅融資）の焦げ付き問題がきっかけとなって、世界中の投資マネーがリスクの高い株式市場から逃げ出して、債券市場や原油などの商品市場に流れ込んできていることが、原油価格を押し上げている側面もある。原油価格の高騰は、日本など原油を海外からの輸入に頼っている国にとっては資金が流出するのでマイナスだが、中東のように原油を産出・輸出している国にとっては、それだけ世界中のお金が集まってくることを意味する。

実際、中東諸国はオイルマネーの流入によって多額の経常収支の黒字を稼ぎ出すとともに、巨額の外貨を蓄積するようになった。たとえば、中東諸国の経常黒字額をみると、01年時点では400億ドルにすぎなかったが、06年には2338億ドルに達した。中東諸国のGDP（国内総生産）に対する経常黒字の比率は、06年に19・7％にも達した。

しかも、中東の産油国は、いずれもイスラム教を信仰しているので、中東の投資家が資産を運用するにあたって「イスラム金融」に対するニーズは根強くある。

それまでは、「イスラム金融」がそれほど発達していなかったということもあって、原油高で潤った産油国の投資マネーは、欧米の金融市場のほうへと流れていたのであるが、2000年代に入ってからは「イスラム金融」が急速に発展してきたため、オイルマネーが「イスラム金融」を振興する国々に向かうようになってきたのである。

今後は、さらにこうした流れが加速してくるとみられる。将来的に「イスラム金融」が、巨額なオイルマネーの受け皿になる可能性が高いということだ。

コラム

えっ、明日からラマダン？

イスラム社会には、「ラマダン（断食月）」があります。「ラマダン」は月の名前で、イスラム暦（新月から新月の間を基準にした太陰暦《たいいんれき》）でいうところの9月を指します。

ラマダンの開始日は、イスラム各国の権威あるイスラム法学者が、月の満ち欠けを肉眼で観察して、決めることになっています。

ですから、国によってラマダンの開始日は異なるし、いつ「ラマダン」に入るかは、「ラマダン」の直前まで不明のままになっているのです。

ラマダンの月は、日の出から日没までの間、イスラム教徒の人たちが飲食を絶つことになります。タバコを吸うこともしません。ただし、イスラム教徒であっても、健康上の理由がある場合には、断食をしなくてもいいことになっています。

敬虔《けいけん》なイスラム教徒がラマダンに断食をするのは、イスラム教の儀礼である「五行」のひとつ「断食」が、信者の義務となっているためです。「ラマダン」には、世界中のイスラム教徒が一斉に断食をするので、イスラム教徒の連帯感が強まるという効果があります。そして苦しい「ラマダン」の月が終わると、今度は「イドー」というお祭りに入ります。

第二章 有力グループ、MEDUSAのパワー

イスラム金融のポストBRICs

第一章では、成長著しい「イスラム金融」の基本的な仕組みについて整理をした。たくさんの新しい言葉が出てきたので、少し頭が混乱したかもしれないが、読者はおおむね「イスラム金融」のことが理解できたのではないか。

ここからは、実際に「イスラム金融」を振興している国々の経済や社会、そして金融の状況を詳しくみていくことにしよう。

ある日、良雄はアブドラ君との親睦をより一層深めようと思い、彼を誘ってドライブに出かけることにした。

良雄「アブドラ君、先日ある経済誌を読んでいたら、そこに『イスラム金融』を振興する有力新興国グループとして『MEDUSA』（メデューサ）というコンセプトが紹介されていたよ。マレーシア、エジプト、UAEのドバイ、サウジアラビアの4カ国らしいんだけど、その4カ国のなかでもとくに有望といえるのが、アブドラ君の母国のマレーシアなんだってさ」

アブドラ「良雄さん、そうなんですよ。『イスラム金融』と聞くと、すぐに中東諸国というイメージが浮かんでくると思うのですが、実はアジアの地域でも『イスラム金融』を振興している国はたくさんあるんですよ。私たちの国、マレーシアでも、いま、国家レベルで『イスラム金融』の振興に力を入れています」

良雄「マレーシアは、イスラム教の国家でイスラム教徒が多いから、『イスラム金融』を振興しているの？」

アブドラ「もちろん国内にイスラム教徒が多いという事情もありますが、それだけではありません。『イスラム金融』を振興していると、原油高で潤う中東諸国のオイルマネーが流入しやすくなるので、巨額のオイルマネーの受け皿となるために、あえて『イスラム金融』を発展させようという意図もあります。現在、世界で最も『イスラム金融』が発達しているのがマレーシアといってもいいでしょう」

良雄「マレーシアが『イスラム金融』の最有力国だったとは意外だなあ」

筆者が主宰するＢＲＩＣｓ経済研究所では、２００６年11月にポストＢＲＩＣｓの有力候補として「ＶＩＳＴＡ」（ベトナム、インドネシア、南アフリカ、トルコ、アルゼンチンの５カ国）を提唱したが、08年1月に、新たに「イスラム金融」の有力グループとして、「ＭＥＤＵＳＡ」（メデューサ）というコンセプトを提唱した。

「MEDUSA」というのは、マレーシア（M）、エジプト（E）、UAE（アラブ首長国連邦）のドバイ首長国（DU）、サウジアラビア（SA）の4カ国の英語の頭文字をつなげたもので、ギリシャ神話に出てくる不思議な魔力を持つ怪物の名前からとっている。

これら4カ国は①新たに台頭してきた「イスラム金融」が深く浸透しているだけでなく、②ファンダメンタルズ（経済の基礎的諸条件）が強固である、③政情・治安が比較的安定しているといった条件も兼ね備えており、今後の高い経済成長・金融マーケットの拡大が期待される。そこで以下では、「MEDUSA」を構成する各国経済の動向を詳しく紹介していくことにしよう。

世界最大のイスラム金融立国マレーシア

まず、「MEDUSA」の「M」のマレーシア経済はどうなっているのだろうか。07年の実質経済成長率が前年比プラス6・3％となるなど、マレーシア経済は好調に推移している。

イスラム教徒（スンニー派）の人口が多いマレーシアでは、政府が「イスラム金融」を振興しており、世界最大のイスラム金融市場となっている。マレーシアには06年時点で1540万人のムスリムが居住している（総人口に占める割合は59％）。近年では、サウジアラビアやUAE（アラブ首長国連邦）など原油高で潤う中東のオイルマネーが同国に大量に流入するよう

図表8 **スクーク発行の国別内訳**（2006年）

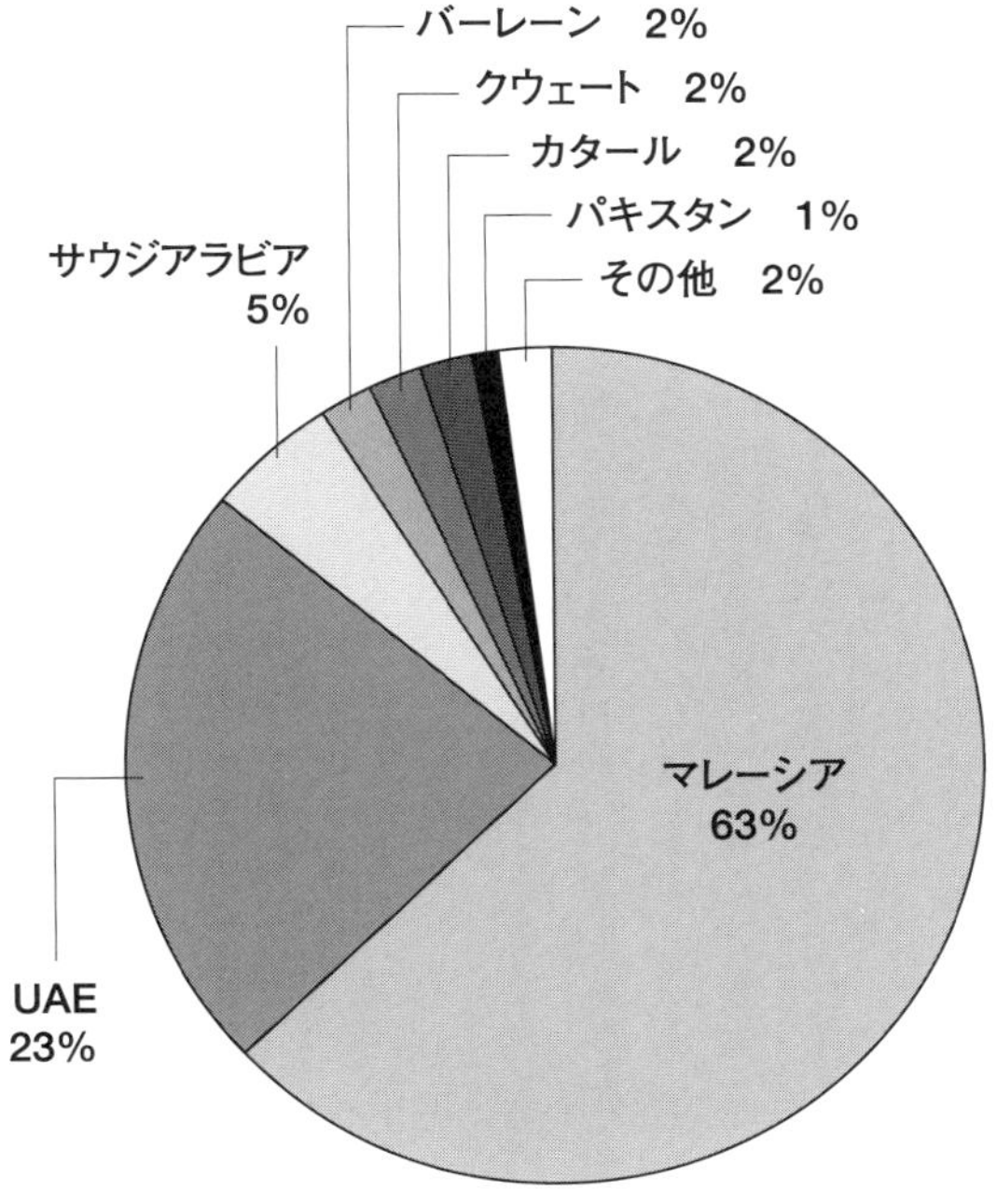

（出所）IIFM資料

になってきた。

多様な「イスラム金融」のなかでも、とくに注目されているのが、「スクーク（イスラム債）」と呼ばれる金融商品である。

第一章で詳しく説明したとおり、スクークはイスラム法（シャリーア）に基づいて発行される債券のことだ。シャリーアでは、原則として利子の受け取りが禁止されているので、スクークを購入した投資家は、利子ではなく運用益というかたちで、投資収益を得る独特の仕組みとなっている。

世界のスクーク発行高は２０００年代に入ってから急拡大している。ＩＩＦＭ（国際イスラム金融市場）の資料によると、スクーク発行高は03年時点では３億３６００万ドルにすぎなかったが、06年には２０５億７６００万ドルに達した。

マレーシア政府は、多額のスクークを発行しており、現在、世界全体のスクーク発行額の約６割がマレーシア一国で占められている（図表８）。スクークの購入者は湾岸諸国の投資家が圧倒的に多い。

また、イスラム金融の振興を図るマレーシアでは、「イスラム金融」を専門に行う「イスラム銀行」の数が急増している。

たとえば、マレーシア中央銀行の資料によると、イスラム金融機関の数は、02年末の２行か

図表9 マレーシアのイスラム銀行支店数の推移

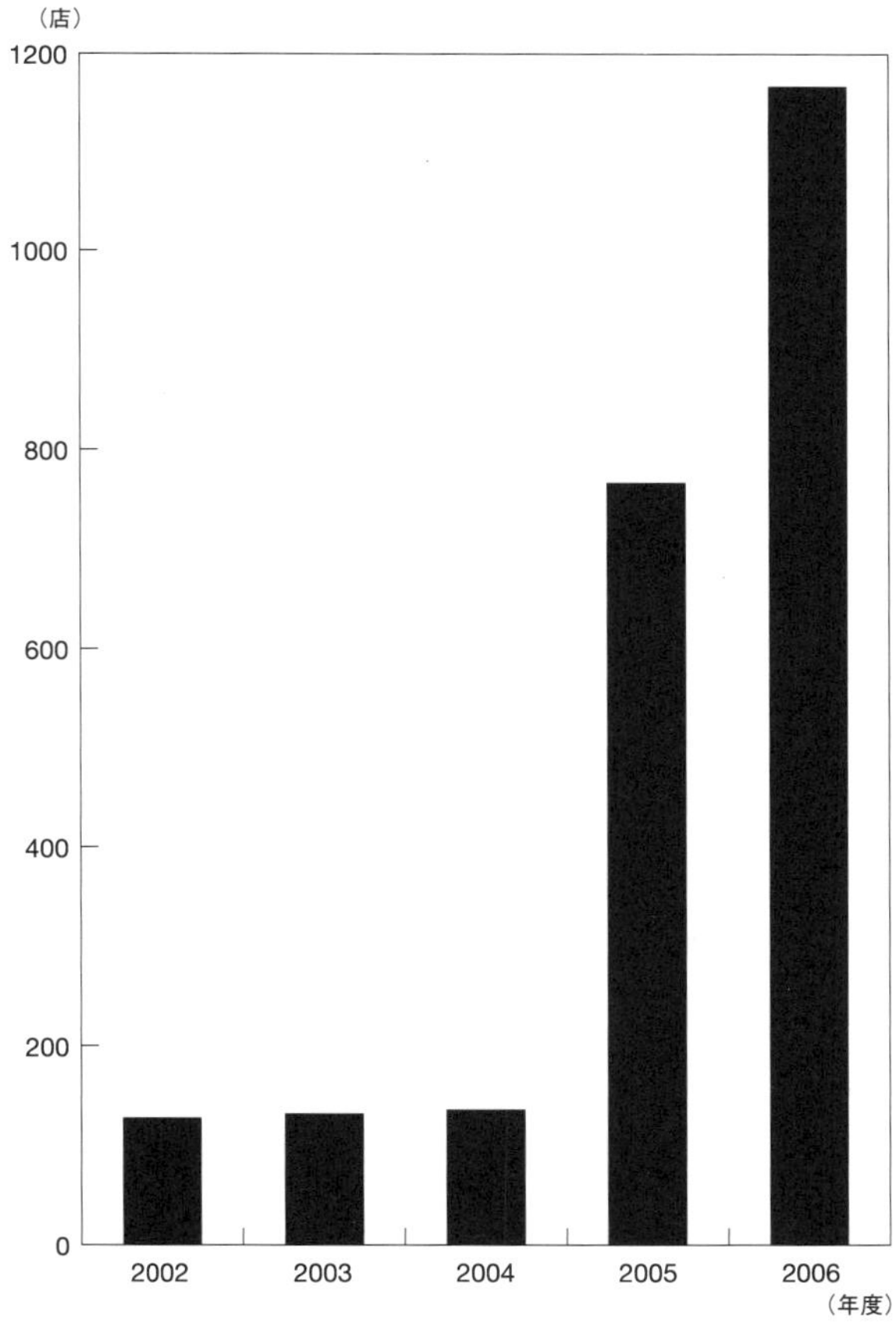

（出所）マレーシア中央銀行
（注）各年とも年度末時点の数字

ら06年末には10行へと増加した。またイスラム銀行の支店数は、02年末の128店から06年末には1167店へと9・1倍に膨らんでいる（図表9）。さらにATM店舗数は02年末の185店から06年末には329店へと拡大した。

08年1月には、マレーシア国内で最大の銀行、「メイバンク」がイスラム金融に特化した「メイバンク・イスラミック」を新たに設立した。同社の資産規模は230億リンギ（約7590億円）に上り、アジア太平洋地域では最大のイスラム銀行となる。

タカフル事業も本格的に展開

マレーシアは、イスラム保険の「タカフル」の振興を図っている。通常の保険事業はイスラム法に抵触する部分が多いため、「タカフル」は協同組合のひとつという位置づけになる。「タカフル」は貯蓄としての意味合いが強く、高額の保険料を期待することはできない。

マレーシアでは、1984年に「タカフル法」（Takaful Act）が制定され、85年から「タカフル」事業が本格的に展開されるようになった。

現在は、「マレーシア・タカフル」をはじめとして、政府から認可を受けた8社が「タカフル」の事業を行っている（図表10）。保険業界全体の資産残高に占める「タカフル」のシェアは年々上昇しており、06年度末の段階では6・1％となった（図表11）。

図表 10 マレーシアのタカフル事業者（07年7月時点）

1	CIMB Aviva Takaful Berhad
2	Hong Leong Tokio Marine Takaful Berhad
3	HSBC Amanah Takaful（Malaysia）Berhad
4	MAA Takaful Berhad
5	Prudential BSN Takaful Berhad
6	Syarikat Takaful Malaysia Berhad
7	Takaful Ikhlas Sdn Berhad
8	Takaful Nasional Sdn Berhad

（出所）マレーシア中央銀行

マレーシアの「タカフル」を、「ファミリー・タカフル」（生命保険に相当）と「ジェネラル・タカフル」（損害保険に相当）に分けてみると、「ファミリー・タカフル」の資産残高は、00年時点の15・4億リンギから、05年には49・2億リンギへと拡大した。

一方、「ジェネラル・タカフル」の資産残高は、00年時点の3・3億リンギから05年には8・3億リンギへと拡大した。

信仰する宗教や民族にかかわらず、誰でも気軽に加入することができるマレーシアの「タカフル」は、これまで各種の保険に加入していなかった人たちが新規加入することを通じて、今後も市場が急速に拡大していくことが見込まれる。

図表11 マレーシアの「タカフル」の資産残高

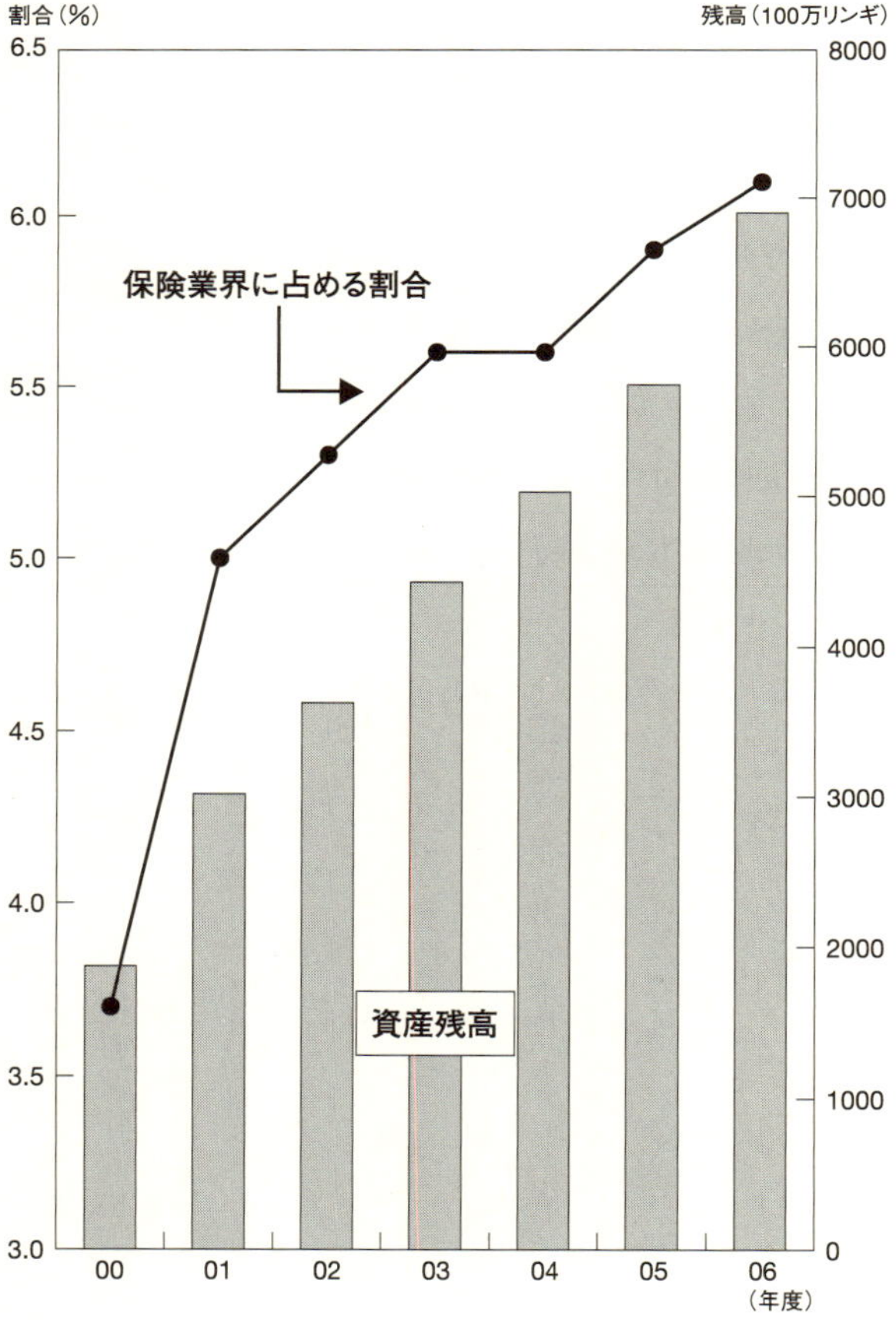

(出所)マレーシア中央銀行
(注)各年とも年度末時点の数字

固定相場制廃止で上昇する通貨リンギ

マレーシアは、97年に発生したアジア通貨危機の影響で、タイやインドネシアなど他のASEAN（東南アジア諸国連合）加盟国と同様、自国通貨リンギが米ドルに対して暴落するという事態に見舞われた。

当初、マレーシア中央銀行は、海外勢による投機的なリンギ売りに対抗するため、金利の引き上げを実施した。しかし、金利を引き上げてもリンギの下落圧力が弱まる気配はなく、急激な金融引き締めによってかえって景気が悪化するようになってしまった。これ以上の利上げの実施は困難と判断した中央銀行は、対ドルで為替レートを安定化させることを目的として、98年9月2日から通貨リンギを米ドルに固定する固定相場制を採用するようになった（1リンギ＝3・8米ドルに固定）。

しかし、05年7月には固定相場制を廃止することを決定、為替制度を管理変動相場制に変更した。

変動相場制に変更した理由は、それまでリンギが割安な水準に置かれたことで輸出の競争力が増して貿易黒字が定着。外貨準備も潤沢となり、通貨リンギに上昇圧力が強まっていたことがある。マレーシアが固定相場制廃止のタイミングをうかがっていたところに、中国が通貨人民元を対ドルで切り上げると発表したため、これを好機ととらえて、リンギの固定相場制廃止に踏み切ったのだ。

管理変動相場制に移行して以来、割安となっていた通貨リンギは米ドルに対して大幅に上昇している（図表12）。固定相場制廃止後、07年12月までの期間に通貨リンギは、米ドルに対して12・3％も上昇した。

輸出企業の間ではリンギの上昇が輸出競争力の低下を招くとの懸念も広がっているが、マレーシア中央銀行は、通貨リンギの緩やかな上昇を容認する姿勢をとっている。

マレー人優遇政策がもたらした火種

マレーシアは、総人口2664万人のうちマレー系が約66％、中国系が約26％、インド系が約8％という多民族国家となっている。

かつては、土着民であったマレー系と華僑などの中国系との間に大きな経済格差が存在した。華僑が裕福な一方で、多くのマレー人が貧しい生活を余儀なくされていたのだ。経済格差の問題は、民族間の対立へと発展するようになり、69年には、中国系とマレー系の間で大規模な人種抗争が発生、196人もの死者が出るという事態になった。

71年、マレーシアのラザク首相（当時）は、マレー系と他民族との経済格差を是正し、民族間の緊張を和らげるため、世界でも類をみない独特の政策、「ブミプトラ（土地の子）政策」

図表 12 マレーシアの通貨リンギの対ドルレート

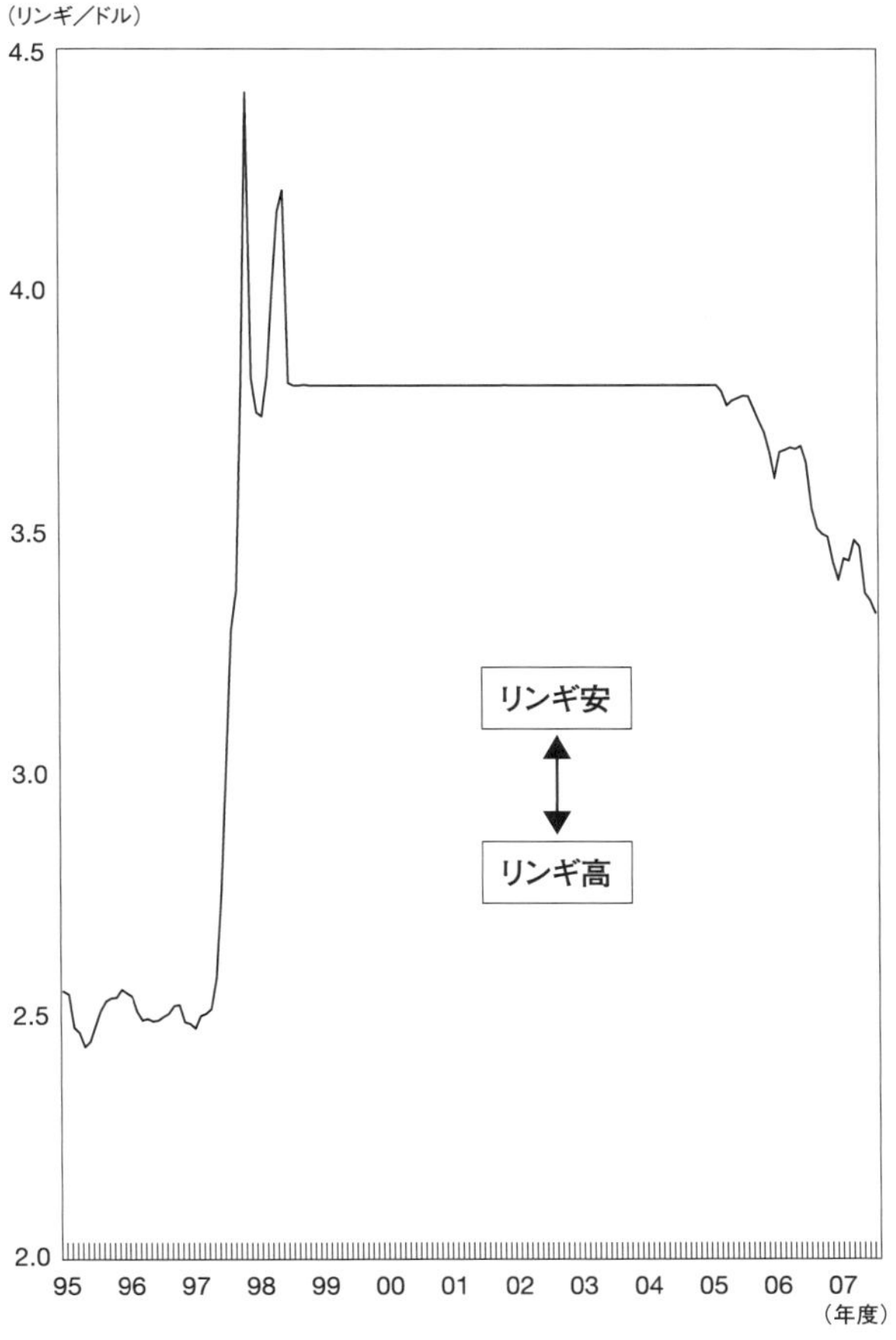

（出所）マレーシア中央銀行

を導入することを決めた。

「ブミプトラ政策」は、大学入学や就職、株式所有、不動産所有など社会生活のあらゆる面において、マレー系を優遇するというシステムである。マレー人に対する優遇措置を他の民族が問題にすることも憲法で禁止した。先のマハティール政権は、この「ブミプトラ政策」を強力に推し進めていった。「ブミプトラ政策」の過程で、行政関係はマレー系、一般的なビジネスは中国系、医師や弁護士などのサービス関係はインド系というように、民族ごとの職業分化も進んだ。

「ブミプトラ政策」は、マレー人の地位向上を実現することに成功したといえるが、副次的に様々な問題点も噴出するようになった。

最大の問題は、政府のマレー系優遇政策によって、かつてのマレー人が持っていた勤勉さが失われ、マレーシアの国際競争力の低下を招いたということだ。「政府の優遇策があるから、一生懸命頑張らなくても大丈夫」、そのような意識がマレー人のなかで醸成されていったとみられる。現在のマレー人は、ホワイトカラーの職種を好み、ブルーカラーの職種を敬遠する傾向があるともいわれる。

マハティール前首相は、02年に開催された「統一マレー国民組織（UMNO）」の年次総会において辞意を表明したが、その際、「マレー人は、長年特権を与えられていたにもかかわらず、十分な成果を上げることができなかった」と暗に「ブミプトラ政策」の失敗を認めるような発言をしている。

また、中国系やインド系など非マレー人の不満もくすぶっており、マレーシア国内の治安が不安定化するといった問題も出てきている。

最近では、マレー系や中国系に比べて貧しい人が多いといわれるインド系住民が「ブミプトラ政策」への反感を強めている。07年11月には、地位の向上を求めるインド系住民の大規模なデモ隊（約1万人）がマレーシアの警察隊と衝突する事件が発生した。

マレーシアのアブドラ政権は、こうしたデモが民族的な対立に発展しないよう、インド系住民に対する取り締まりを強化している。

インド政府は、インド系住民に対するマレーシア政府の弾圧に対して懸念を表明しており、「ブミプトラ政策」はインドとマレーシアの外交関係にも微妙な影を落とすようになってきた。

08年3月に実施された下院選挙では、インド系住民や中国系住民の票が野党に流れ、それまで与党連合の一翼を担っていた中国系政党、インド系政党の議席が激減した。そのため与党連合の下院獲得議席数は全議席の3分の2を下回ってしまった。

外国資本導入で急成長するエジプト

次に、「MEDUSA」の「E」のエジプトは、アフリカ大陸では最大の「イスラム金融」国家だ。エジプトのムスリム人口は06年時点で7088万人に達し、全人口の94％を占めている。

エジプトでは90年代にマクロ経済が軌道に乗り、95年から99年まで年平均5％を超える高成長を続けたが、パレスチナ情勢が悪化したことなどから2000年代に入って景気が低迷、雇用情勢の悪化により失業率は10％まで上昇した。

しかし、近年では再び成長が加速し始めており、07年の実質GDPは前年比プラス7・1％の高い伸びとなった。マクロ経済の好調を反映してカイロ・アレクサンドリア証券取引所の株価指数（CASE30）も上昇傾向が鮮明となっている。08年以降は経済成長率がさらに加速すると見込まれている。

エジプト経済が高成長路線に復帰した要因として、①観光収入・スエズ運河からの収入・海外からの送金が増えていること、②原油や天然ガスの輸出が拡大していること、そして③政府の経済改革の推進によって海外からの直接投資が大幅に増えていること、の3点が挙げられる。

観光収入・スエズ運河からの収入・海外からの送金は、エジプトにとって最大の外貨獲得手段である。エジプトは製造業の国際競争力が弱いこともあって、貿易収支は慢性的な赤字とな

図表 13 **エジプトへの観光客数の推移**

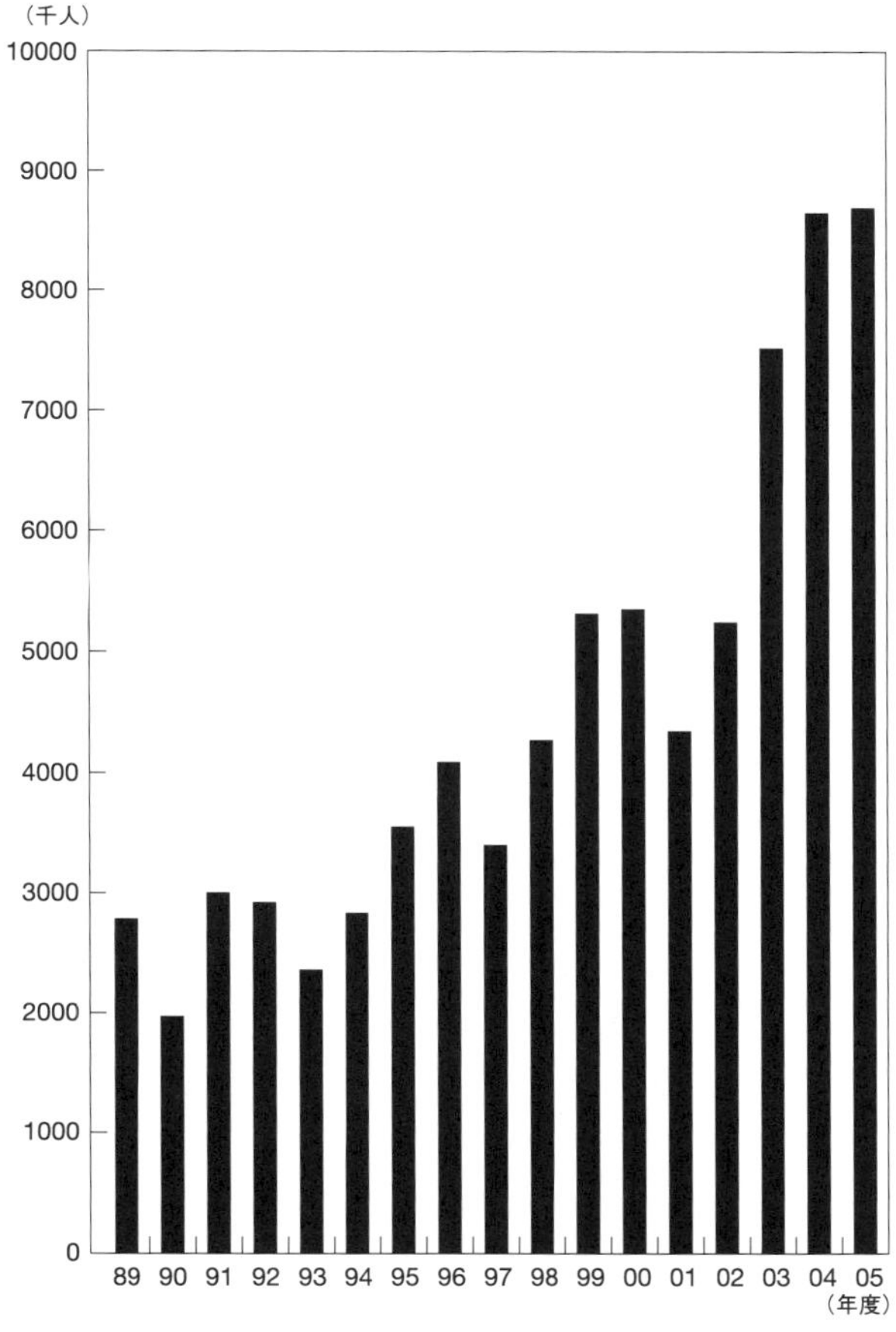

（出所）エジプト中央銀行資料
（注）会計年度（7月から翌年6月までの1年）による

っているが、これらの収入によって貿易赤字が相殺されている。ただ、これまでは観光収入が不安定で、90年代にはムバラク大統領を批判するイスラム過激派組織が、外国人観光客を殺害するなど大規模なテロ活動を展開したため、観光産業が大きな打撃を受けた。しかしその後、治安部隊が取り締まりを徹底するようになったことから過激派組織は次第に弱体化、99年3月にはテロ活動の停止を宣言した。治安が改善し、外国人観光客の安全が確保されるようになったことを受けて近年は欧州・中東地域を中心にエジプトへの観光者数が大幅に増加している（図表13）。

スエズ運河からの収入も、エジプトと中国との貿易関係が強まっていることなどから、最近は急増している（図表14）。

また、最近の原油の国際価格の高騰を受けて産油国であるエジプトは原油の輸出を大幅に増やしている。同時に世界規模で需要の高まっている液化天然ガス（ＬＮＧ）の輸出も開始、ヨルダン南部のアカバ発電所にパイプラインを敷設した。将来的には、パイプラインをシリアやレバノンにまで拡張する予定だ。政府は原油や液化天然ガスの輸出促進を図ることで、慢性的な貿易赤字を解消しようとしている。

そして、エジプトの高成長の最大の要因は、経済改革による外国資本の導入だ。エジプト政府は04年9月に輸入関税の大幅引き下げを実施。これによって関税率は平均15％から9％まで

図表 14 スエズ運河からの収入

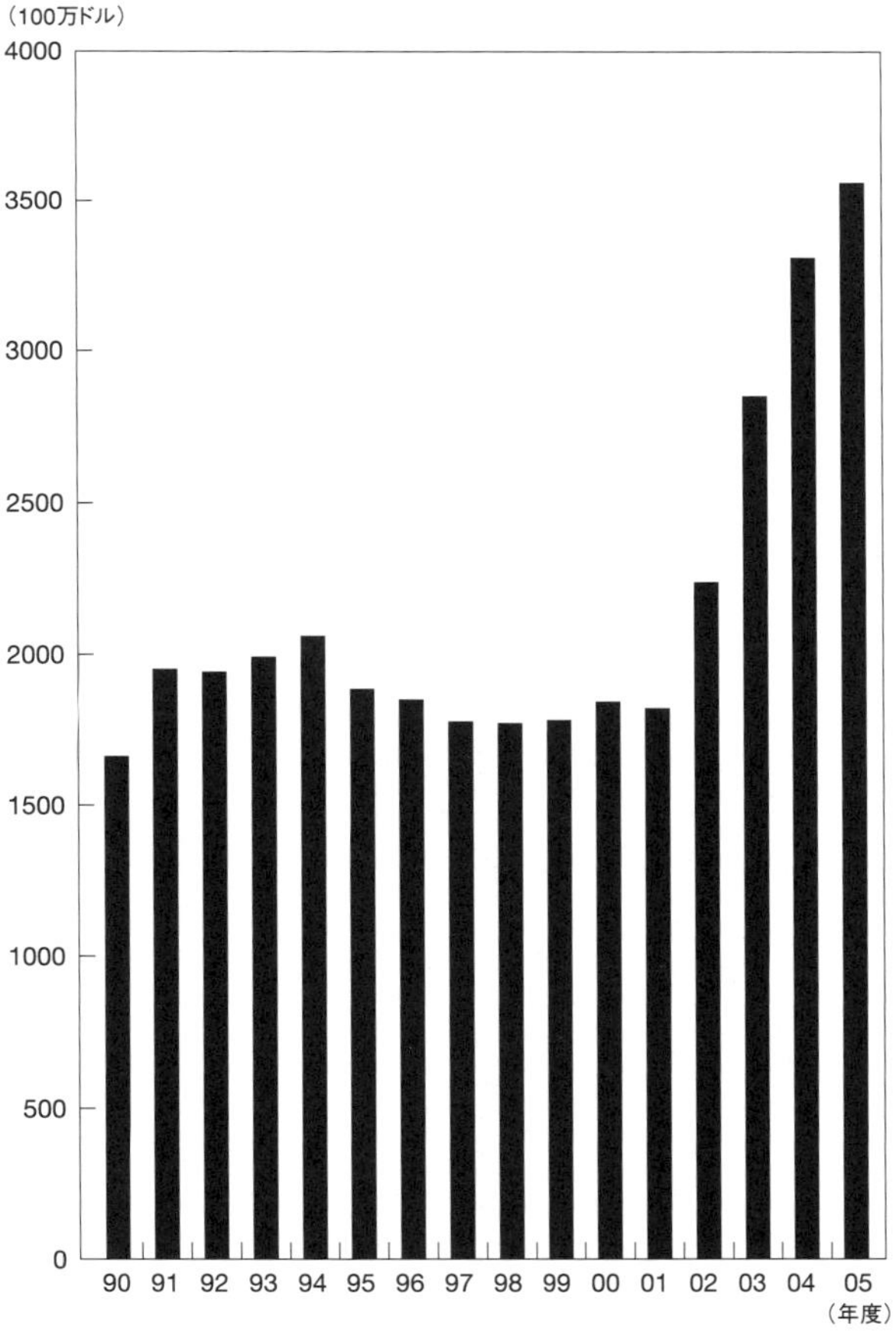

(出所)エジプト中央銀行資料
(注)会計年度(7月から翌年6月までの1年)による

引き下げられた。とくに自動車関連の関税率の引き下げ幅が大きく、排気量が1600cc の乗用車では従来の104％から40％まで関税率が引き下げられた。部品や原材料の関税率も大幅に引き下げられたので、これが海外から部品・原材料を調達する外国企業の進出増加につながっている。また、政府は、法人税をこれまでの最大42％から20％に引き下げたほか、法人に対する売上税の一部免除も認めた。

外国企業に対する優遇策が功を奏して、エジプトへの直接投資額は急増している。05年度の対内直接投資額は61・1億ドルと、04年度の実績（39億ドル）に比べて1・6倍の大幅増加となった（図表15）。

エジプト政府は外国資本の導入によって国営企業を民営化し、製造業などの国際競争力を強化していく方針だ。

エジプトは、観光収入やスエズ運河からの収入に頼るだけではなく、製造業を育成し、よりバランスのとれた産業構造にシフトすることで持続的な高成長が視野に入ってくるだろう。

現在、エジプトでは「タカフル」と呼ばれるイスラム保険を振興しようという機運が高まっており、日本の保険会社がエジプトに「タカフル」を設立する動きも出てきている。

図表 15 エジプトへの直接投資流入額

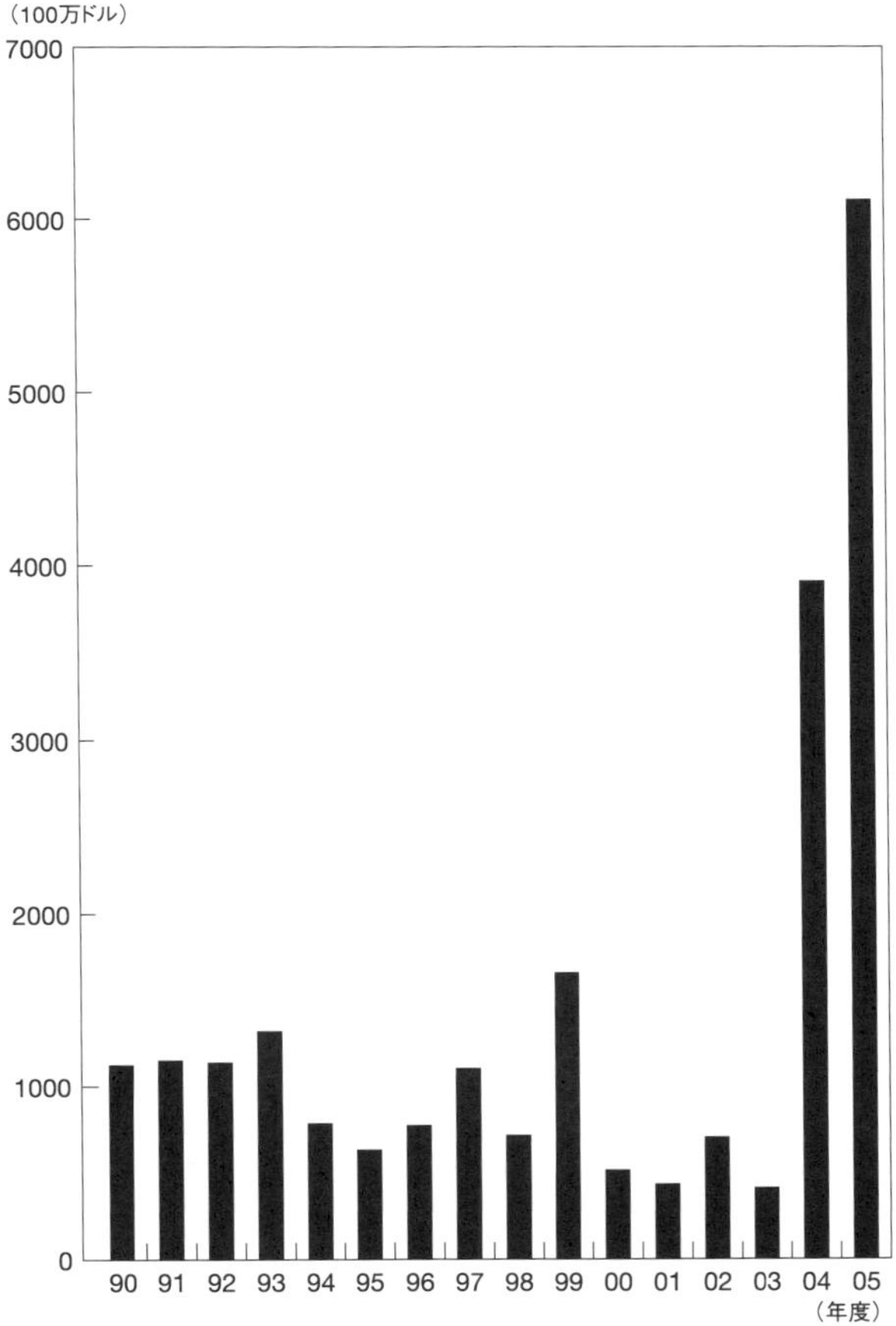

（出所）エジプト中央銀行資料
（注）会計年度（7月から翌年6月までの1年）による

イスラム銀行の原型はエジプトで誕生

ところで、世界各地で設立ラッシュとなっている「イスラム銀行」の原型は、エジプトで誕生したともいわれている。

60年代に、エジプトに設立された「ミトル・ガムス銀行」がムスリムを対象として「イスラム銀行」のコンセプトに近いビジネスを行っていた。

「ミトル・ガムス銀行」は、貧しくておカネに困っている人々に無利息でおカネを融資する。人々に無利息でおカネを融資することを、ビジネスとして成り立たせるのは非常に難しい。実際、50年代にはパキスタンで無利子で融資をする銀行が設立されたが、うまくいかず、間もなく崩壊してしまった。人々は無利息では自主的におカネを銀行に預けようとはしなかったのである。

「ミトル・ガムス銀行」はパキスタンの失敗を教訓として、利用者が融資を受けるためには、その人自身があらかじめ定期預金で一定額を積み立てておかなければならないという仕組みをつくった。

「ミトル・ガムス銀行」の経営は当初はうまくいっていたが、給料が安いなどの理由から優秀な銀行員が次々に辞めるようになり、次第に経営が厳しくなっていった。

こうした状況を知ったエジプトのナセル大統領（当時）は、貧しい人々の支援につながる

「ミトル・ガムス銀行」の理念に共感し、「ミトル・ガムス銀行」を存続させるため、多額の財政資金を投入して新銀行にすることを決定する。

72年、故ナセル大統領の後を継いだサダト大統領（当時）が200万ドルの資金を投入して、カイロに「ナセル・ソシアル銀行」を設立した。それと同時に、経営不振に陥っていた「ミトル・ガムス銀行」を「ナセル・ソシアル銀行」に吸収したのである。

現代のエジプトは、「ファイサル・イスラム銀行」を頂点とするイスラム銀行と一般銀行が並存する金融システムを採用している。エジプトでは、金融機関に「イスラム銀行」という特別な区分を設けていないが、「ファイサル・イスラミックバンク・オブ・エジプト」（79年5月7日設立、総資産額は約20億ドル）や「エジプシャン・サウジ・ファイナンス・バンク」（88年6月21日設立、エジプト国内に11の支店を持つ）、「ザ・ユナイテッド・バンク」（06年6月に既存の3行が合併して誕生）などがイスラム金融を手がけている。

利子の取引を伴う一般銀行がシャリーア（イスラム法）に矛盾しないかどうかについては、エジプトのイスラム法学者の間でも意見が割れており、まだ明確な結論は出ていない。エジプトでイスラムの最高権威とされるのはカイロにあるアズハル大学だが、95年にはこの大学のイスラム法学者が「利子の取引はシャリーアに矛盾するものではない」と発言して物議をかもした。エジプト人はイスラム銀行と一般銀行の両方を利用している。

そして、現在、エジプト政府は、一般銀行の再編を急ピッチで進めている。銀行再編の一環として、06年10月には国営のアレクサンドリア銀行をイタリアのサンパオロIMI銀行に売却することを決定した。売却額は16億ドルに上る。

2000年代初頭のアレクサンドリア銀行は多額の不良債権を抱えて、経営難に陥っていたが、その後、急速なスピードで経営の合理化・効率化を進めて外資に売却できるまでになった。今回の売却によって、アレクサンドリア銀行はエジプト国内で最大の民間商業銀行として生まれ変わる。

エジプト政府は、残りの国営銀行についても、合併や売却などによって整理統合を進めようとしている。また中小規模の銀行の統廃合も進めて、04年時点で60弱となっていた国内の銀行数を最終的に半分程度にすることを計画している。一連の銀行の再編は、金融セクターの国際競争力を強化させることが狙いだ。

中東・北アフリカ地域最大の携帯電話市場

高い経済成長を続けるエジプトでは、富裕層やニューリッチ層が台頭しており、彼らが高級自動車や高級ブランド品といった高額商品を競うように購入していることから、個人消費が高い伸びになっている。

近年では、若者を中心に携帯電話の普及も進むようになってきた。たとえば、06年末時点の携帯電話加入者数は約1800万人に上り、01年（279・4万人）と比べて6・4倍にも膨らんだ。携帯電話の普及率は23・9％で、中東・北アフリカ（MENA）地域ではエジプトが最大の携帯電話市場となっている。

携帯電話の加入者数が急増しているとはいえ、普及率でみればまだ低水準にとどまっているので、エジプトの携帯電話市場の拡大余地はまだまだ大きいといえるだろう。

携帯電話の端末やストラップなどの関連製品を販売するにあたっては、販売業者が「イスラム金融」の手法を活用するケースもある。これは、ムスリムから出資者を募って、仕入れ費用など携帯電話を販売するための事業資金を集め、販売によって得られた利益を出資者に対して定期的に配分していくというものだ。出資額に対する利益の割合は、年間30％に上ることもあるという。

携帯電話市場の成長期待の高まりから、海外や国内の通信会社は、相次いでエジプト市場に参入している。海外勢では、英国のボーダフォンやUAE（アラブ首長国連邦）のエティサラットなどがエジプト通信省から事業免許を取得している。

エジプト国内の携帯電話最大手は、首都カイロに本拠を置くオラスコム・テレコム社である。オラスコム・テレコムはエジプト国内だけでなく、アルジェリア、チュニジア、バングラデシュなど海外での事業展開も積極的に行っている。

05年には香港のハチソン・ワンポアの携帯子会社を買収、07年にはギリシャで第3位の携帯電話会社ＴＩＭヘラス・テレコミュニケーションズを買収することに成功した。さらに08年4月からは、意外なところで、北朝鮮での携帯電話サービスも開始した。北朝鮮当局は、04年以降、国民が携帯電話を使うことを禁止していたが、今回4年ぶりに解禁することを決定した。オラスコム・テレコム社は、北朝鮮で携帯電話サービスを提供するにあたって最大4億ドルのインフラ投資を行う予定だ。

オラスコム・テレコム社は、将来、世界で5本の指に入る携帯電話会社になることを目標としている。

パン不足で不安定化するムバラク政権

エジプト経済が抱えるリスクとしては、国民の貧富の差が非常に大きいため、何らかのショックで社会の底辺に位置する貧困層の生活が脅かされるようになると、民衆の暴動などが発生して政治や治安の安定を維持することが難しくなるという点が挙げられる。

政治や治安が不安定になれば、先進諸国の企業の「エジプトに進出しよう！」という意欲が削がれて、外資導入をテコにした経済の高成長路線に黄信号が灯ることにもなる。また、政治や治安が不安定になると、国民の消費者心理が冷え込んで、個人消費の拡大ペースも鈍ることになるだろう。

１９８１年に就任したエジプトのムバラク大統領がこれまで長期にわたって安定政権を維持できたのも、十分な貧困対策を行ってきたことが少なからず影響している。具体的には、小麦や米、砂糖といった生活必需品の価格について、政府が補助金を支給して低い水準に抑えるという政策をとってきた。

しかし、最近ではエジプトでも世界的な穀物・資源価格の高騰の影響からインフレーションが加速しており、生活必需品を低価格に抑制することが難しくなってきている。エジプトの消費者物価指数は、06年の前年比プラス４・２％から07年には同プラス11・０％へと加速した。品目別にみると、ガソリンや乳製品、鶏肉といった生活必需品の値上がりが著しい。

とくに深刻となっているのが国民の主食ともいえるパンの不足である。エジプトは、国内で消費するパンの原料となる小麦を海外からの輸入に頼っているが、世界的に小麦の需給が逼迫してきているため、小麦を入手することが難しくなっているのだ。

エジプト政府は、これまで通常の5分の1の価格で購入できる「補助金パン」を貧困層向けに販売してきたが、小麦の輸入業者が、本来「補助金パン」向けに販売する小麦をより高い値段で販売できる闇市場などに横流ししているため、「補助金パン」が不足するようになった。

また、小麦価格の高騰で通常のパンの値段が上がっているため、それまで通常のパンを買っていた人たちまで「補助金パン」の購入を希望するようになり、「補助金パン」への需要が急増している。

こうした結果、「補助金パン」の販売所には、毎日、長蛇の列ができるようになり、「補助金パン」を入手できない貧困層が政府への不満を強めている。

そして、パンの不足問題は、エジプトの政治にまで影響を及ぼすようになってきた。08年4月に実施されたエジプトの地方選挙（地方評議会選挙）では、十分なパンを確保できない貧困層を中心にムバラク政権への不満を訴える人たちが大規模なデモを行い、また野党のムスリム同胞団が選挙をボイコットするなどの波乱となった。地方選挙で与党が一定数の議席を確保しないと、2011年の大統領選挙に与党から候補者を出すことができなくなるため、ムバラク大統領の6選が難しくなってしまう（エジプトの大統領選挙は6年に1度の頻度で行われる）。

結局、今回の地方選挙については、事前に野党のムスリム同胞団の候補者を拘束したことなどから、ムバラク大統領が党首となっている与党、国民民主党（NDP）が圧勝を収めることになったが、今後、パン不足を発端とした社会不安の問題をどう解決していくかが、大きな課題として残るといえるだろう。

現在、エジプト政府は、国民のためにパンや野菜の生産を行っている軍や警察に対して、増産を行うよう指示を出している。

世界中のヒト・モノ・カネが流入するドバイ

「MEDUSA」の「DU」のドバイはどうだろうか。

独立してからこれまでの間、UAE（アラブ首長国連邦）はオイルマネーの恩恵を受けて急成長してきた。07年の実質経済成長率は前年比7・4％増だ。

原油の輸出で外貨を稼ぎ出しているため、経常収支の黒字額はGDP比で22・0％に及ぶ。原油の埋蔵量は06年末時点で1300億トンに達し、世界第5位。また、06年の原油の生産量は1億3830万トンで世界第9位となっている。

UAEはオイルマネーを利用してインフラ整備や他産業の育成を積極的に進めている。

読者のみなさんもご承知のとおり、UAEは、複数の首長国から構成される複合国家である。71年12月に、アブダビ、ドバイ、シャルジャ、ウム・アル・カイワイン、アジュマン、フジャイラの6首長国が、UAEの独立を宣言した。翌年2月にラスアルハイマが加わって、現在は7つの首長国からなる。首都はUAEで最大の原油埋蔵量を誇るアブダビだ。

なかでも、とくに注目されるのがドバイである。ドバイは総面積が約3900平方キロメートルで日本の埼玉県よりも少し大きい程度だ。これだけの広さしかない地域がなぜ注目されているのか。

それは、このドバイが7首長国のなかで最も速いスピードで変貌し、世界中のヒト・モノ・カネが流入するようになったからだ。日本の企業も、家電メーカーのソニーをはじめ200社以上が楽園都市ドバイに進出している。

かつては、ドバイの経済活動全体の半分近くを石油収入が占めていたのが、現在は石油以外の産業が経済全体の97%を占め、石油依存体質からの脱却に成功した。ドバイの人口は現在、140万人程度で、そのうち、UAEの人が占める割合は20%にすぎない。インドやパキスタン、イランなどからやってくる外国人労働者が経済活動を担っている。ドバイは宗教に対して寛容であるため、宗派の異なるイスラム教徒であっても、関係なく働くことができる。

また、オイルマネーで財政資金が潤沢なドバイ首長国は、国民や企業からいっさい税金を徴収していない。低収入にあえぐ人たち（日本円で年収400万円未満の人）に対しては、医療費や教育費を無償にするといった政策も打ち出している。日本からみれば、まさに天国のような国といえるだろう。

ドバイではリゾート地の開発が積極的に進められているほか、中東の物流拠点、金融拠点としてもそのプレゼンスを高めつつある。

リゾート開発ではたくさんの人工島が建設されている。たとえば、ヤシの木の形をした人工島群「パーム・ジュメイラ」。ここには高級ホテルや、住宅、商業施設などが立ち並ぶ。政府系のデベロッパー、ナキールが開発している「ザ・ワールド」。これは、大小合わせて約300の人工島を、世界地図を模して配置した巨大な人工島群である。08年に造成が完了する予定だ。

そして現在、ドバイの繁栄を象徴する超高層ビルが建設中だ。その名も「ブルジュ・ドバイ（ドバイの塔）」。このタワーはオフィスと住居の兼用になっている。完成すると、160階建て、800メートルに達し、台湾にある「TAIPEI 101」（508メートル）を抜いて、世界一の高さのビルになる。

ドバイでは金融セクターの発展も著しい。かつて中東の金融の中心はバーレーンであったが、いまではドバイがバーレーンに代わる新しい金融センターとなりつつある。ドバイ政府も、金融業の育成に力を入れており、2015年までに金融をドバイ経済の中心にする方針を打ち出している。07年8月には、ドバイ証券取引所とドバイ国際金融取引所の持ち株会社としてドバイ取引所が発足した。

ドバイは「イスラム金融」の振興にも力を入れており、たとえば、08年1月には、ドバイ首長国政府が出資するイスラム銀行、「ヌール・イスラミック・バンク」が業務を開始した。同行の当初の資本金規模は10億ドルだ。まずは、UAEのなかで支店の数を増やしていく。将来的には、英国やインドネシア、トルコ、エジプトなど積極的に海外展開をしながら、資産規模を500億ドルにまで拡大させ、世界最大の「イスラム銀行」にする計画となっている。

ところで、イスラム金融債（スクーク）は満期まで保有されるケースが多いが、なかには、市場で売買されているものもある。スクークの流通市場で最大となっているのがUAE（アラブ首長国連邦）だ（図表16）。06年の年間取引高は242・4億ドルに達し、全世界のスクーク取引高（336・0億ドル）の72・1％を占めた。

ルーブル美術館分館誘致に成功したアブダビ

いち早く石油依存体質からの脱却に成功したドバイ首長国に比べると、政治の中心になっているアブダビ首長国は、原油の埋蔵量が潤沢であったこともあり、これまでは原油の輸出に頼った経済成長を続けていた。

しかし、最近ではアブダビも、急速な変貌《へんぼう》を遂げて存在感を強めるドバイを目の当たりにして「このままでは、UAEの中心がドバイになってしまう」との危機意識が高まり、ドバイに対抗するかたちで経済特区を開設したり、高速道路、空港を建設するなど石油依存体質からの脱却を模索するようになってきた。

アブダビは、世界最大規模の政府系ファンドを運用しており、アブダビ投資庁が持つファン

図表 16　スクークの取引高（2006年）

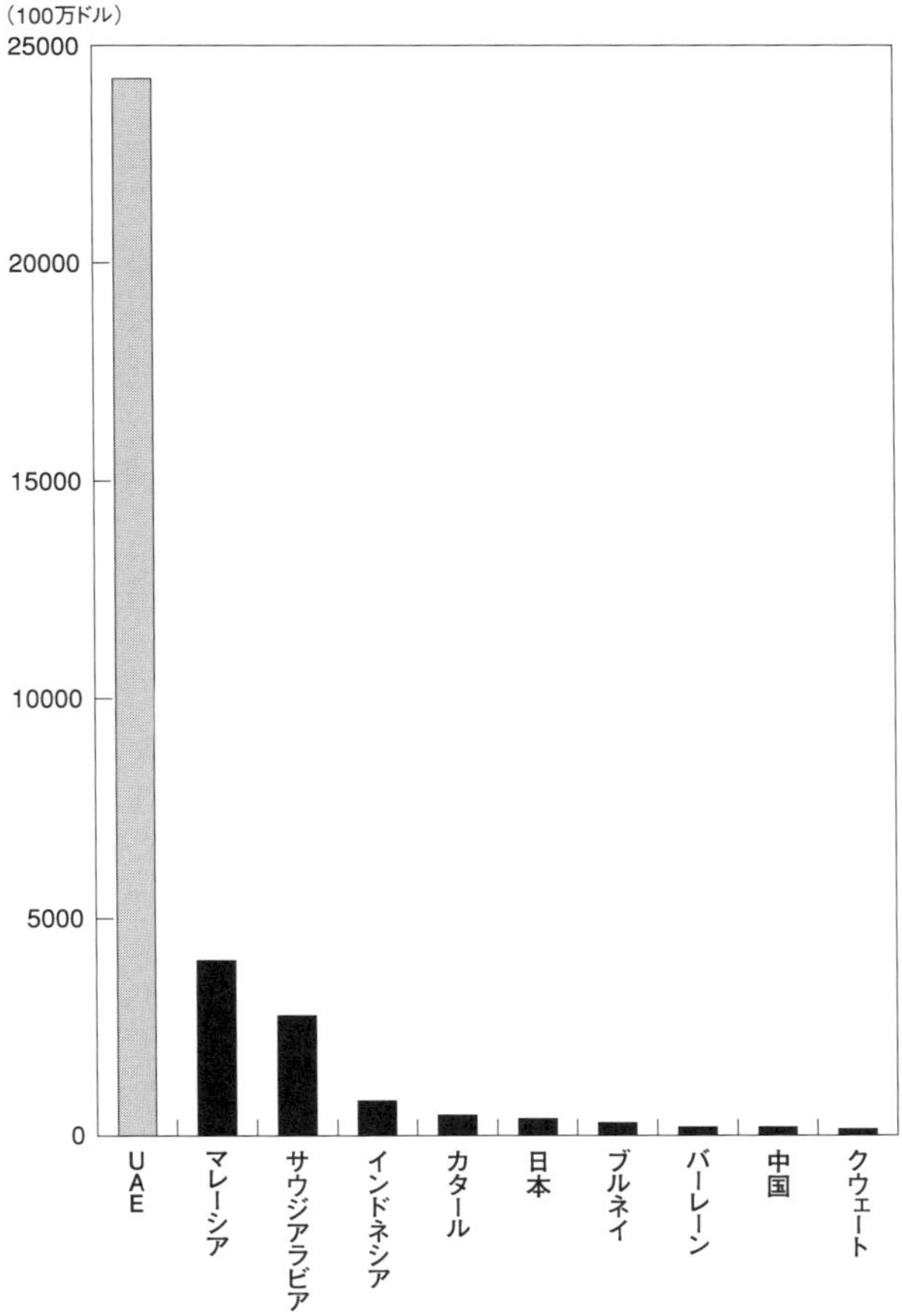

（出所）IIFM資料

ドの資産残高は８７５０億ドルに上るともいわれる。これは、サムスンやＬＧ、現代など韓国のすべての企業のブランド価値総額（８７３１億ドル）を超える金額である。今後は、この巨額の資金を、自国の産業育成のために積極的に投入していく予定だ。

石油依存体質からの脱却という点では、ドバイと同じ路線であるが、アブダビは新規産業の育成において独自の特色を出そうとしている。

アブダビは、とくに観光産業や文化産業の育成に力を入れており、たとえば、07年1月には、09年以降のＦ１グランプリを誘致することが決まった。外国人観光客を呼び込むことを目的としてホテルの建設も急いでおり、アブダビ政府の計画では、ホテルの総客室数を、現在の約１万室から２０１５年には2万５０００室まで増やす。２０１５年の観光客数は現在の2倍に相当する年間３００万人を目指している。

一方、美術関係の分野でも様々な計画が目白押しだ。たとえば、06年7月には、米国のグッゲンハイム美術館の分館を誘致することが決まった。

また、07年3月には、フランスのルーブル美術館の分館をアブダビに建設することが決まった。ルーブル美術館の分館は２０１２年に開館する予定となっている。フランスとアブダビの両政府は絵画や彫刻など美術品の貸し出し、美術館の運営協力などについて、１５００億円に上る契約書に調印した。

この契約により、アブダビ首長国は分館が完成してから10年間にわたって、ルーブル美術館から美術品の貸し出しが受けられるようになる。

ただ、ルーブル美術館の分館の構想については、フランスの美術関係者から「芸術は売り物ではない」とか「美術館の運営資金を確保するために、フランスの魂を売り渡すつもりなのか?」といった批判の声も上がった。

さらに、映画産業を振興しようという動きも出てきている。外国映画の撮影にロケ地を提供するだけでなく、自前の撮影所をつくる計画も浮上している。

ドバイのベッドタウン、シャルジャ首長国

ドバイ首長国の高成長の影響は、UAE(アラブ首長国連邦)を構成する他の首長国にも波及しつつある。ドバイに隣接するシャルジャ首長国も、ドバイの高成長の恩恵を受けている首長国のひとつだ。都市開発ラッシュが巻き起こっているドバイでは、不動産の価格や賃料が急激に上昇しているため、不動産価格や賃料がドバイに比べるとまだ割安にとどまるシャルジャのほうに移住する人が増えているのだ。この結果、シャルジャの移民人口は急激に増加している。

シャルジャに移住した人たちは、そこからドバイへと通勤している。日本でたとえるなら、

ドバイが東京で、シャルジャが神奈川、千葉、埼玉といったベッドタウンのような位置づけといえよう。シャルジャとドバイはまだ地下鉄（メトロ）がつながっていないため、朝夕の通勤時間になると交通渋滞が激しくなるといった問題もある。またシャルジャに住む場合には、同国のイスラム教の戒律が厳しいという点に注意しておく必要がある。シャルジャ首長国政府は、UAEの首長国のなかでは唯一、外国人であってもお酒を飲んだり、販売したりすることを禁止している。女性が肌を露出した服を着て出歩くことも禁止だ。

シャルジャ首長国で有名なのは、中東最大の格安航空会社「エア・アラビア」である。同社は、2003年にシャルジャ首長国政府によって設立され、07年には、ドバイ金融市場への上場を果たした。「エア・アラビア」は中東地域を中心に周航しているが、インドやトルコなどへの便もある。

「エア・アラビア」は急速な勢いで業績が拡大している。それもそのはず、中東地域全体で航空需要が高まっていることに加えて、同社の航空運賃は、通常のエコノミー料金に比べて4割も安くなっているのだ。しかも、「エア・アラビア」は路線を増やしてきているので、中東のライバル航空会社は戦々恐々としている。「エア・アラビア」は株式上場によって調達した資金で、欧州の航空機製造メーカー、エアバスに航空機の受注もしている。

今後は「エア・アラビア」の攻勢に対抗するために、ドバイのエミレーツ航空やバーレーンのガルフ航空といった大手航空会社も相次いで航空運賃の値下げをしてくることが予想される。

なお「イスラム金融」に関していえば、シャルジャ首長国には「シャルジャ・イスラム銀行」という大手イスラム銀行があり、同行の業績は好調となっている。

他の首長国にも及ぶ、ドバイ高成長の恩恵

UAEのウム・アル・カイワイン首長国はどうか。ウム・アル・カイワインは、ドバイの北方に位置する首長国で、人口規模は6万人強と7つの首長国のなかでは最も少ない。ウム・アル・カイワインは、原油は産出しないが、天然ガスが豊富な地域となっており、これまでは、天然ガスを利用したアルミ精錬などを行っていた。

06年には中国の四大石油会社のひとつ中化集団が、ウム・アル・カイワインで天然ガス開発をすることを決定した。開発するガス田の埋蔵量は、3000億立方フィートに上るとされている。開発にかかる費用は、約1億3000万ドルに上るという。

ウム・アル・カイワインでは、シャルジャ首長国と同様、ドバイ首長国からたくさんの人たちが移住するようになってきており、住宅や商業施設などの都市開発ブームが巻き起こっている。

一方、アジュマン首長国は、UAEの7首長国のなかで面積が最も小さいということもあっ

て、石油は産出しない。このため、これまでは他の首長国に比べて経済発展は遅れ気味となっていたが、最近では、「イスラム金融」を軸に、金融産業を振興しようという動きが強まっている。たとえば、アジュマン首長国は、08年2月、アジュマンで初となるイスラム銀行、「アジュマンバンク」を設立すると発表した。「アジュマンバンク」の資本金は、約2億7000万ドルに上る。

ドバイ首長国の東に位置するフジャイラ首長国は、マリンスポーツが盛んな地域で、スキューバダイビングのメッカとして知られている。観光産業の発展に力を入れるフジャイラでは、現在、たくさんのリゾートホテルが建設されており、07年5月には、日本のJALホテルズがリゾートホテルを開業した。ゴルフ場やマリーナなどの建設も進んでいる。

最後に、ドバイの北東に位置するラスアルハイマ首長国は、UAEのなかでは農業が発展している地域で、ナツメヤシや野菜、果物が栽培されている。

世界最大の原油生産国サウジアラビア

「MEDUSA」の「SA」のサウジアラビアは世界最大の産油国となっている。06年の原油生産量は5億1460万トンで、世界全体の原油生産の実に13・1%を占めた。原油の埋蔵量も世界第1位を誇り、06年末までに発見された埋蔵量は363億トンにも達する（世界シェアは22％）。そのほか、天然ガスも豊富に産出する。

サウジアラビアでは、原油の国際価格の高騰によって原油の輸出金額が大幅に増加しており経済は好調だ。

原油関連産業の収益増で税収が伸びているため（サウジアラビアの実質ＧＤＰの３割が原油関連産業によって稼ぎ出される）、これまで赤字基調にあった政府の財政収支も04年以降は大幅に改善しており、06年は過去最高の黒字額となった。

政府は、巨額の財政黒字の一部を、公務員の給与引き上げ（05年に15％の引き上げ）や国内ガソリン価格の値下げ（06年5月から30％の値下げ）といったかたちで国民に還元しており、購買力の改善した国民は、中産階級を中心に高額消費を増やしている。

富裕層の一部は海外旅行を楽しむようになっており、インドなど周辺のアジア諸国を積極的に訪問している。ただ、人口が急増するなか、人口の過半を占める若年労働力が、労働市場に続々と参入してきているため、景気が拡大するなかにあっても職につけない人はまだたくさんいる。

サウジアラビアは原油輸出によって稼ぎ出した巨額のオイルマネーを利用して、観光産業や金融産業など原油以外の産業の育成を図っている。

外資を呼び込むための、インフラ投資も活発に行っており、たとえば、ペルシャ湾と紅海を結ぶ総延長約1000キロメートルの鉄道を建設する予定だ。サウジアラビアは05年末にWTO（世界貿易機関）への加盟を実現、外資に対する規制緩和策を相次いで打ち出しており、外国企業にとっては、サービス業を中心にサウジアラビアに進出しやすい状況が整いつつある。

外資導入をテコに、原油セクター以外の民間産業が台頭してくれば、サウジアラビアは原油の国際価格の動向に左右されることなく、持続的な高成長を達成することが可能になるだろう。

メガ経済特区に海外投資マネーが流入

アラビア半島の5分の4を占めるサウジアラビアは、国家プロジェクトの柱として、通常の経済特区（SEZ）を、都市の規模にまで拡大させた「メガ経済都市」構想を打ち出している。「メガ経済都市」に進出した企業は、経済特区の場合と同様、税制面や資金調達面での優遇措置を受けることができる。

「メガ経済都市」はサウジアラビア国内に合計6カ所つくられる予定だ。具体的な都市名を挙げると、ラービグ、ハイール、ジザーン、メディナ、タブーク、ダンマンの6カ所となっている。

「メガ経済都市」プロジェクトは、10～15年の長い年月をかけて完成させる予定で、合計1200億ドルの巨費が投じられる見込みとなっている。

いずれの都市建設についても、「サウジアラビア総合投資院」がコーディネーターとなり、オイルマネーを中心とした政府の資金に加えて民間資金や外国資本も積極的に活用していく予定だ。サウジアラビア政府の発表によると、プロジェクトに必要となる資金1200億ドルのうち、約半分が海外からの投資マネーになるとみられる。

「メガ経済都市」プロジェクトのなかで、最初に開発が始まったのがサウジアラビア西部の紅海沿岸に位置するラービグで、05年12月に起工式が行われた。港湾、産業、金融、リゾート、教育、住居といったあらゆるインフラが整備される。ラービグで開発される人工都市の建設はドバイで最大の開発会社が手がけている。

ラービグの開発だけでも、総事業費が266億ドルになることが見込まれている。また、ラービグの経済都市が完成すると、最大で50万人の雇用が創出されるといわれる。ラービグの経済都市には、日本の企業も進出する予定になっており、日系の石油化学プラントなどが建設される。

一方、6大「メガ経済都市」計画のひとつに含まれ、サウジアラビア南西部に位置する港湾都市ジザーンは、アルミや石油化学をはじめとした重化学工業の一大集積地に特化する予定だ。07年11月末には、中国最大のアルミメーカーが、ジザーンにアルミ製錬所を設立することが認可された。この会社は製錬所の設立に、およそ37・5億ドルを投じる予定となっている。

またメッカと並ぶイスラム教の聖地として有名なメディナを、IT（情報技術）関連産業に特化した「メガ経済都市」にする計画となっている。現在、メディナは高層ビル群やホテルの建設ラッシュとなっており、それに伴って巡礼者を含む観光需要も急拡大するようになってきた。

世界有数のイスラム銀行、アルラジヒ・バンク

サウジアラビアは、中東諸国のなかでも、早い時期から「イスラム金融」の取引を行う「イスラム銀行」が発達していた国で、サウジアラビア国内の「イスラム銀行」全体の総資産額は950億ドルに達し、世界最大規模となっている（2006年）。ちなみに「イスラム銀行」資産で世界第2位の規模となっているのが、サウジアラビアと同様、「MEDUSA」の一角を占めるマレーシアである。

そして、サウジアラビア国内で最大の「イスラム銀行」となっているのが「アルラジヒ・バンク」だ。「アルラジヒ・バンク」の資産規模は330億ドルで、サウジアラビア全体の「イスラム銀行」資産の3分の1を占める。08年1月に営業を開始したドバイのイスラム銀行「ヌール・イスラミック・バンク」は、資産規模で「アルラジヒ・バンク」を抜くことを目標としている。

「アルラジヒ・バンク」はサウジアラビア有数の財閥、ラジヒ家の中核企業で、もともとは中東最大の両替通商会社として、その名が広く知れわたっていた。1988年に、両替商から現在のイスラム銀行の形態へと業態転換し、同年中に株式の公開に踏み切った。同銀行の株式の多くは、ラジヒ一族が保有している。

これまで「アルラジヒ・バンク」は、ムスリムから集めた預金を、大規模な石油化学プラントのプロジェクトに投資するなど、サウジアラビア国内での業容の拡大を図ってきた。

しかし、近年では、世界的に「イスラム金融」を振興しようという動きが広がるなかで、海外展開にも積極的な姿勢を示している。

たとえば、07年2月からは、マレーシアを「イスラム金融」の有望市場とみて、クアラルンプールなどで銀行業務を展開するようになった（現地法人の資本金は3億リンギ）。マレーシアへの進出が「アルラジヒ・バンク」にとっては、初めての海外進出案件となる。

「アルラジヒ・バンク」は、2010年までにマレーシア国内の支店数を50店にまで拡大する計画だ。

対ドル通貨切り上げができない大人の事情

これまでみてきたとおり、原油高による輸出金額の増加や、国内のインフラ整備の推進などを追い風に、UAE（アラブ首長国連邦）とサウジアラビアは高い経済成長を実現しているが、両国の経済にまったく死角がないというわけではない。

UAEとサウジアラビアのリスクとしては、インフレーションの問題が挙げられるだろう。ペルシャ湾岸6カ国（UAE、サウジアラビア、バーレーン、オマーン、クウェート、カタール）で構成される湾岸協力会議（GCC）は、2010年以降、域内統一通貨を導入することを目標としている。

統一通貨導入のための第一段階として、GCC各国（クウェートを除く）は、自国の通貨をドルに連動させるドル・ペッグ制という為替制度を採用しているのだが、このドル・ペッグ制がインフレを引き起こす元凶となっているのだ。

どういうことかというと、まず、07年夏場以降、米国の通貨ドルが他通貨に対して大幅に下落している。これは、米国でサブプライムローン（低所得層向けの住宅融資）の焦げ付き問題が深刻化しており、米国経済に対する信用不安が高まって、ドルが売られているためだ。

最近の日本で起きている急激な円高も、円の価値が強くなっているというよりは、ドルの価値が一方的に低下した結果として、円高が引き起こされているという面が強い。

米国のドルの信任が揺らいで困るのは、GCC諸国のように自国の通貨をドルに連動させている国々である。ドルが下落すれば、それに伴って自国の通貨もドル以外の通貨に対して下落してしまうことになるからだ。

実際、サブプライム問題の影響で、ドルの価値が他通貨に対して下落するなか、UAE（ディルハム）とサウジアラビア（サウジアラビア・リヤル）の通貨価値も大きく下落している。その結果、欧州の通貨ユーロなどドル以外の通貨建てで、モノを輸入する際の輸入物価が上昇して国内で高インフレが発生しているのだ。

賢明な読者は「それなら、GCCの国々はドル・ペッグを停止したり、あるいは自国の通貨をドルに対して切り上げてしまえばいいのではないか？」と考えるかもしれない。しかし、GCC諸国には、ドルに対して自国通貨を切り上げるわけにはいかない大人の事情がある。

これまでGCC諸国は原油の輸出によって多額の外貨を稼いできたのだが、その外貨のほとんどは米ドルで保有している。

だから、仮に通貨を切り上げるとした場合、通貨当局は自国通貨を買ってドルを売るオペレーションを行うことになるが、その際、米国のドルにはさらなる下落圧力がかかってくる。その結果、GCC諸国は、巨額に上るドル建ての外貨準備高が目減りしてしまうという問題に直面するのだ。つまり、ドルに対する通貨の切り上げは、自分で自分の首を絞める結果になりかねないということだ。

07年11月、UAEのアブダビ投資庁はサブプライム問題で巨額の損失を計上した米国のシティグループに対して75億ドルを出資することを決めた。また、08年1月には、クウェート投資庁やサウジアラビアのオラヤングループなどが米国のメリルリンチに対して合計66億ドルの出資を決めた。

このように、GCCの国々がサブプライム問題で揺れる米国経済への支援を惜しまないのは、実は米国経済が失速してドルの価値が下がると、自分たちが困るという理由がある。

現在、サウジアラビアなどでは、金融機関が通貨庁（中央銀行に相当）に預けなくてはならない預金の割合を引き上げて、国内の通貨供給量を抑えることによって、インフレの昂進を防ごうとしている。

サブプライム・ショック後も株価上昇

ここ数年、「MEDUSA」経済は高成長を続けているが、中長期的な視点に立っても、「MEDUSA」は高い経済成長を続けていく可能性が高い。中長期の経済成長を支える最大の要因は、労働力人口の増加である。

「MEDUSA」を構成する4カ国はいずれもイスラム教を信仰する国家であるため、中国の「一人っ子政策」のような産児制限策をとっておらず、ハイ・スピードで人口が増加している。01年から06年にかけての人口増加率は、マレーシアが年率プラス1・9％、エジプトが年率プラス1・8％、UAEが年率プラス4・4％、サウジアラビアが年率プラス2・5％だ。

国際連合の予測（06年の中位推計）では、今後も人口の大幅な増加が見込まれており、「MEDUSA」全体の人口規模は、06年の1億2870万人から2050年には2億1440万人へと、1・7倍に拡大することになる。つまり、「MEDUSA」の4カ国では、中長期の経済成長に必要な労働力人口の増加が期待できるというわけだ。

また「MEDUSA」の4カ国は、「イスラム金融」という独自の金融システムで相互につながっており、巨額のオイルマネーを背景にマネーの移動を伴いながら相互補完的に発展していくことが予想される。

サブプライムローンの焦げ付き問題が深刻化したことによって米国を中心とした先進諸国では、経済の減速懸念、失速懸念が強まっているが、「イスラム金融」を振興する「MEDUSA」の4カ国は、リスクの大きいサブプライム担保証券などにはいっさい投資を行っていない。このため、米国のサブプライム問題の影響を受けづらいという点からも、「MEDUSA」は有望な投資先グループといえるだろう。

実際、「MEDUSA」を構成する4カ国の株価指数の推移をみると、米国でサブプライム問題が深刻化した07年後半以降、「MEDUSA」各国の株価がむしろ上昇傾向を強めていることが分かる。

07年の年初から07年末までの株価の上昇倍率をみると、マレーシアのクアラルンプール総合株価指数が1・3倍、エジプトのヘルメス株価指数が1・5倍、ドバイの総合株価指数が1・4倍、サウジアラビアのタダウル全株指数が1・4倍となった。

最後に、読者が誤解することのないように一言付け加えておくと、基本的に「MEDUSA」のコンセプトは、「BRICs」や「VISTA」のコンセプトとは異なるということだ。

BRICsやVISTAといったグループの場合には、経済規模自体が、将来的に先進諸国と並ぶ巨大なものになると予想され、消費マーケットとしての魅力も高まることが予想される。それに対して「MEDUSA」を構成する4カ国は、もともとの人口規模がそれほど大きくないということもあって、経済規模や消費マーケットがBRICsやVISTAと肩を並べるようなことにはならない。

そうではなくて、「MEDUSA」の4カ国は、いずれも「イスラム金融」を強く振興しているので、世界的な「イスラム金融」の拡大とともに、中長期的なスパンで、高い経済成長が(金融セクターを中心に)期待できるということであり、その意味において、ポストBRICsの有力グループといえるのだ。

コラム

MSC計画はスゴい！

「MEDUSA」の一角を占めるマレーシアでは、91年2月、当時のマハティール首相が提唱した「ビジョン2020」を契機として、IT（情報技術）への取り組みが本格化するようになりました。

そして95年8月、「マルチメディア・スーパー・コリドー（MSC）」と呼ばれる情報通信基地構想を計画しました。MSC計画は、グローバルなIT企業やマルチメディア関連企業をマレーシアに誘致し、最先端のITやマルチメディアに関わるハブを創出することを目的にしています。同時に、先端技術の導入を図ることによって労働生産性を高め、マレーシア産業の国際競争力強化を目指します。

MSCは、首都クアラルンプールにあるペトロナス・ツイン・タワーからクアラルンプール国際空港をそれぞれ北端、南端とする幅15キロメートル、長さ50キロメートルの広大なエリアです。このエリアのなかには、プトラジャヤと呼ばれる新行政都市やサイバージャヤと呼ばれる新ハイテク都市が含まれています。こうしたハード面での整備とともに、先進的なITを持つ優良企業の誘致を円滑に進めるため、政府は税制優遇措置や労働ビザ免除措置等、各種の優遇策を講じています。

第三章 目が離せない、あの国この国

イスラム金融で政府系ファンドを呼び込め

良雄「最近、政府系ファンド（ソブリン・ウェルス・ファンド、ＳＷＦ）という言葉がマスコミを賑わすようになってきたね」

佳子「政府系ファンドというのは、政府が外貨準備高などを原資にして直接、間接に運用するファンドのことよね？」

アブドラ「米財務省の推計によると、世界の政府系ファンドの資産残高は合計で1兆９０００億ドルから2兆９０００億ドルにも上るそうです。２兆９０００億ドルといえば、英国の07年のＧＤＰ（国内総生産）（２兆７７２５億ドル）を上回る金額です。とくに、中東諸国には、アブダビ投資庁やサウジアラビア通貨庁、クウェート投資庁、カタール投資庁、イラン石油基金、オマーン国家積み立て基金のように巨額の外貨準備を運用する政府系ファンドがたくさんあります。これまで中東の政府系ファンドはもっぱら米国債で運用を行っていたのですが、最近ではオイルマネーで資産残高が膨らむなか、投資先を分散する傾向が強まってきています。中東諸国の政府系ファンドは、これから先、ＢＲＩＣｓやＶＩＳＴＡなど有力新興国に重点的に投資をしていく方針を打ち出しています」

良雄「この政府系ファンドが運用する巨額のおカネを呼び込むために、いろいろな国が『イスラム金融』を振興するようになってきたらしいよ」

佳子「でも、なぜ『イスラム金融』を振興すると、政府系ファンドのおカネが入ってくることにつながるの？」

アブドラ「それは、政府系ファンドの大半は中東諸国によるもので、しかも中東諸国は『イスラム金融』を振興しているからですよ。中東諸国以外の国も『イスラム金融』を積極的に振興すれば、中東諸国の政府系ファンドにとっては、投資をしやすいという評価になります」

良雄「具体的には、どんな国が『イスラム金融』に力を入れているのかな」

アブドラ「現在では、たくさんの国が、『イスラム金融』を振興するようになっていますが、最近とくに目立つのは、英国やシンガポール、香港などです。これらの国は、競ってオイルマネーを受け入れようとしています」

良雄「日本は、どうなのかな？」

佳子「日本も、イスラム圏のオイルマネーを呼び込もうと、様々な政策を打ち出してきているみたいよ」

古くからイスラム金融が発展、ブルネイ

第二章では、イスラム金融のポストBRICsとして「MEDUSA」の4カ国を紹介したが、第三章では、それ以外の「イスラム金融」立国を紹介していきたい。最初に、ブルネイからみていく。

東南アジアのボルネオ島に位置するブルネイ・ダルサラーム国は、1984年1月1日に英国から完全独立した。首都はバンダルスリブガワンという場所で、ボルキア国王が首相を兼任している。ボルキア国王は「世界一の大富豪」と呼ばれたこともある人だ。

ブルネイは、国土面積が日本の三重県と同程度、人口38・5万人（2007年）の小国である。しかし、石油や天然ガスなどの天然資源に恵まれているため、これまで経済は安定しており、国民1人あたりの所得水準も高い。06年の1人あたりGDP（国内総生産）の水準は、なんと3万625ドルにも達する。同年の日本の1人あたりGDPが3万4264ドルなので、ブルネイの国民は日本の国民と同程度の生活水準にあるということだ。

ブルネイには、日本銀行のような中央銀行が存在しない。こう言うと、一部の読者は「じゃあ、通貨の管理は誰がするのか？」と疑問に思うかもしれない。実は、ブルネイは67年にシンガポールとの間で通貨の等価交換協定を締結しており、そのため自国の通貨ブルネイ・ドルはシンガポール・ドルとまったく同じ動きをする。シンガポールの金融管理庁がきちんと通貨管

理をしてくれているので、ブルネイは中央銀行がいらないというわけだ。

これまでブルネイは、石油と天然ガスの輸出に頼った経済成長をしてきたが（ブルネイの輸出の94％が石油・天然ガスで占められる）、02年頃から、将来資源が枯渇したときに備えるため、石油・天然ガス依存体質から脱却しようという動きが出てくるようになった。

いま、ブルネイ政府が育成しようとしているのが石油化学産業である。天然ガスを加工することによって「メタノール」（主に合成樹脂や塗料の基礎原料に使われる）をつくろうというプロジェクトが立ち上げられており、日本の三菱ガス化学、伊藤忠商事と合弁会社（ブルネイ・メタノール社）が設立された。ブルネイ・メタノール社は三菱ガス化学が50％の出資をして、伊藤忠商事とブルネイ国営石油会社が25％ずつ出資している。２０１０年には、設備投資が終了して「メタノール」の生産が開始される。「メタノール」の年間生産量は85万トンになる見込みだ。

そのほか、物流拠点や港湾の整備も積極的に進めており、ムアラ・ブサール島のコンテナ・ターミナルが２０１２年に開業する予定となっている。

また、ブルネイはイスラム教を国教に定めており、敬虔なイスラム教徒が多い。このため、古くからイスラム教徒のニーズに合わせて「イスラム金融」が発展していた。ブルネイ政府は、将来的に自国を「イスラム金融」、「一般金融」両方のサービスに対応できる国際オフショア金融センターにしようとしている。

ブルネイで最大の規模を誇る金融機関が、「イスラム・ブルネイ・ダルサラーム銀行（BIBD）」である。この銀行は、国王が直轄するブルネイ・イスラミック銀行と政府が出資するブルネイ・イスラミック開発銀行が合併することによって誕生した。また、イスラム保険の「タカフル」も発達している。現在、ブルネイのイスラム金融資産は、約30億ドルに上ると推計されている。足元ではマレーシアの外資系イスラム金融機関「クウェート・ファイナンス・ハウス」がブルネイに進出する計画も浮上している。

なお、日本とブルネイの間では、07年に経済連携協定（EPA）が発効した。EPAの発効によって、日本はブルネイから安定的に天然ガスなどのエネルギー資源を供給してもらうことができる。

イスラム法の国際標準確立に挑むバーレーン

GCC（湾岸協力会議）の一角を占めるバーレーンは、早い段階で原油依存体質からの脱却に成功し、これまで中東諸国の金融センターとして重要な役割を果たしてきた。

近年では、バーレーンを、単なる金融センターではなく急成長する「イスラム金融」の国際拠点にしようという機運が高まっており、政府・中央銀行が一体となって、様々な「イスラム金融」振興策を打ち出している。

バーレーンが国を挙げて「イスラム金融」の振興に力を入れる背景には、UAE(アラブ首長国連邦)のドバイ首長国が法制度の整備や各種の規制緩和によって「イスラム金融」の一大拠点として、急成長していることに対する危機意識の高まりもある。

バーレーン政府が打ち出している「イスラム金融」振興策のひとつが、各国ごとに異なるイスラム法のグローバル・スタンダード(国際標準)をつくろうという試みである。「イスラム金融」を規定するイスラム法の解釈が各国で異なるため、それまでは国境を越えて「イスラム金融」が拡大することが困難になっていた。バーレーン通貨庁(中央銀行に相当)は、イスラム法の国際標準の確立を急いでおり、それが完成すれば「イスラム金融」のグローバリゼーション(国際化)の流れが進むことになる。

また、06年には、イスラム法の国際基準の整備や「イスラム金融」専門家の育成などを目的として、首都マナマに「イスラム金融研究センター」を設立した。

さらに、バーレーンは、他のイスラム諸国と同様に、イスラム銀行のメガ・バンク化を推進しており、06年には世界最大のイスラム銀行、アル・マスレフ銀行が営業の認可を取得した。アル・マスレフ銀行の資本金はなんと200億ドルにも達し、イスラム開発銀行やアルバラカ銀行グループなどが出資している。メガ・バンクに資金を集中させることで、経営の効率化が期待できる。

バーレーンのイスラム銀行は、中東だけでなく東南アジアにも積極的に進出して、拠点網を広げている。たとえば、08年1月には、バーレーンの「ユニコーン・インベストメント・バンク」が「イスラム金融」が発達しているマレーシアでイスラム銀行の営業免許を取得した。

国際拠点に名乗りを上げたシンガポール

シンガポールは、原油高で潤う中東諸国のオイルマネーを呼び込むことを目的として、2004年頃から「イスラム金融」の振興に本腰を入れるようになった。

シンガポールの人口は06年時点で450万人だが、そのうちムスリム（イスラム教徒）の人口が65万人と、約15％を占める。もともと、シンガポールのムスリムの間では「イスラム金融」に対する根強い需要があった。しかし、それまでのシンガポールの銀行法は、基本的に「イスラム金融」を認めておらず、ムスリムがシンガポール国内で「イスラム銀行」などを活用することはできなかった。

05年9月、シンガポール通貨庁（MAS）は、ムスリムの「イスラム金融」需要にこたえるかたちで、金融機関が「イスラム金融」のスキームのひとつである「ムラーバハ」の金融取引を行うことを認可した。

「ムラーバハ」というのは、第一章で解説したとおり、銀行が顧客の代わりに商品を購入して、その商品に一定のマージンをのせて顧客に販売するという仕組みになっている。

「イスラム金融」が認められるようになってから、内外の金融機関がイスラム銀行を設立する動きが出てきている。たとえば、07年5月には、シンガポール最大の商業銀行であるＤＢＳ銀行が、シンガポール通貨庁の認可を得て、同国で初となるイスラム金融専門銀行、「イスラミック・バンク・オブ・アジア（ＩＢアジア）」を設立した。ＩＢアジアの資本金は４億１８００万ドルに上る。

また、シティバンクもシンガポールで「ムラーバハ」などの「イスラム金融」の取り扱いを開始している。

ただ、シンガポールのムスリム人口は65万人にすぎないので、「イスラム金融」のリテール市場が大きく拡大していく余地はない。

そこで、シンガポール政府は、国内のイスラム金融資産を積極的に活用するだけでなく、シンガポールを、中東とアジアを結ぶ一大国際金融センターに育成しようと計画している。ＩＢアジアも中東マネーを呼び込むことを目指している。

シンガポールが「イスラム金融」の振興に力を入れるなか、実際に中東諸国のオイルマネーがシンガポールに流入する動きが加速するようになってきた。具体的な事例としては不動産の市場が挙げられる。

最近では、サウジアラビアやＵＡＥ（アラブ首長国連邦）の投資家が、シンガポールの高級マンションを購入したり、あるいは不動産投資ファンドに投資をするケースが増えてきている。

逆に、シンガポールの企業が中東諸国に進出する動きも目立つようになっている。たとえば、先ほど紹介したＤＢＳ銀行は、シンガポールの銀行として初めて中東のドバイで銀行免許を取得した。ＤＢＳはドバイの富裕層・ニューリッチ層を顧客に取り込もうとしている。

また06年4月には、セムコープ・ユーティリティーズという会社がＵＡＥで大型発電所と海水淡水化の施設・運営を受託した。

このように「イスラム金融」の振興をきっかけとして、シンガポールと中東諸国は結びつきを強めるようになってきている。

ムスリムがいなくてもあえて乗り出す香港

利子の取引を伴わない「イスラム金融」が急成長を続けるなか、近年では中東以外の国・地域でも「イスラム金融」を誘致しようという動きが広がりつつある。

アジア地域では、シンガポールやマレーシアが、原油高で潤う中東諸国のオイルマネーを獲得しようと「イスラム金融」の誘致を積極的に進めている。

そして、中国の特別行政区となっている香港も「イスラム金融」の誘致に名乗りを上げるようになった。マレーシアやシンガポールの場合には、国内のムスリム（イスラム教徒）人口の割合が高いので「イスラム金融」を振興するメリットは大きいといえるが、香港はムスリムがほとんど存在しないので「イスラム金融」を振興するメリットはないといわれていた。

それにもかかわらず、香港があえて「イスラム金融」の誘致に乗り出した背景には、ライバル関係にあるシンガポールへの対抗意識がある。「イスラム金融」の規模は、すでに無視できないほど大きなものとなっており、オイルマネーが香港を素通りしてシンガポールに流れていくようになればアジアの金融機能をシンガポールに奪われてしまうという危機感が高まっているのだ。

香港がアジアの金融センターという地位を守るためには、どうしても「イスラム金融」の基盤を整備していかなくてはならないという事情がある。

もうひとつ、香港が「イスラム金融」の振興に乗り出した大きな理由として、中国に過度に依存した金融システムからの脱却ということが挙げられる。

これまで、香港の金融市場は中国本土の企業が上場することなどによって急成長していたのだが、近年では上海証券取引所や深圳証券取引所など中国本土の株式市場が急発展するようになっており、将来的にはチャイナマネーの香港への流入が滞るおそれがある。また、中国本土の企業がシンガポールの株式市場に上場するケースが増えてきたことも、香港にとってみれば脅威となっている。

香港政府は、「イスラム金融」を誘致するために、これまでの伝統的な金融システムを見直して、税制面などで「イスラム金融」を優遇する方針を打ち出している。

「イスラム金融」を振興しようという流れのなかで、07年11月には、香港の証券先物監督委員会（SFC）が、香港では初めてのケースとなる「イスラム投資ファンド」の設置を認可した。そのほか香港政府は、中国本土の企業による「イスラム金融債」の発行も検討している。

オイルマネーで潤うGCC（湾岸協力会議）などの中東諸国は、アジア地域への投資に前向きな姿勢を示しており、その際、GCC諸国の投資先の中心となるのは中国本土とみられている。

そのため、香港は、中国に投資をしようとする中東諸国の投資家にとって、窓口的な役割を果たすことを計画している。中東諸国が中国への投資を増やしていく過程で、香港における「イスラム金融」の取引量も活発化してくると予想される。

国内イスラム社会との融和を図るイギリス

欧州地域でも「イスラム金融」を振興しようという動きが広がっている。とくに熱心なのが英国である。英国が「イスラム金融」に力を入れる背景のひとつとして、同国が比較的多数のムスリム（イスラム教徒）人口を抱えていることが挙げられる。

06年現在、英国に暮らすムスリムの数は約151万人に上り、総人口（6010万人）に対する比率では2・5％となっている。英国に居住するムスリムの多くは、保守的なパキスタン出身の若者で占められ（英国のムスリムの半分以上が25歳以下）、そのうち購買力のある中産階級は21万世帯に達する。

もうひとつ、英国が国内の「イスラム金融」を振興する背景には、01年9月11日に発生した米国の同時多発テロ事件以降、イスラム社会との関係が悪化するようになったため、その融和を図ろうという意図がある。英国では、伝統的な英国社会とは別に、早くからムスリムによるイスラム社会も形成されており、2つの社会の融和・共存を図ることが重要な政策課題となっているのだ。

英国内に、イスラム社会が形成されていることは、たとえば、80年代以降、国内に複数のシャリーア裁判所が開設されていることからもうかがい知ることができる。「裁判所」という名前はついているが、実態は相談所のようなものだ。シャリーア裁判所では、イスラム法学者が、離婚問題や日常生活などについて、ムスリムなどからの相談に乗っている。

近年、少しずつ経済力をつけてきた英国のムスリムの間では「イスラム金融」へのニーズが急速に高まっており、それに対応するかたちで金融機関が「イスラム金融」の手法を使った金融サービスを提供する動きが出てきている。

具体的な事例を挙げると、04年9月には、「シャリーア（イスラム法）」にのっとったイスラム銀行「イスラミック・バンク・オブ・ブリテン」が英国金融サービス機構（ＦＳＡ）の認可を得て、ロンドン市内で営業を開始した。

また、英国の大手銀行ロイズＴＳＢも05年から、個人向けのイスラム金融サービスの提供を開始した。ロイズＴＳＢは、住宅ローンの分野で業績を伸ばしているが、そのほかにもユニークな新商品を開発している。たとえば06年には、学生を対象として、預金に金利はつかないが、在学中の３年間最大１５００ポンドまで無利子の融資が受けられる当座預金口座の取り扱いを開始した。

さらに大手銀行のＨＳＢＣも、03年頃から住宅ローンを中心とした「イスラム金融」のサービスを提供して業績を伸ばしている。

「イスラム金融」を使った住宅ローン商品では、金融機関が顧客の代わりに不動産を取得して、顧客に賃貸する方式をとる。顧客は元本と利子に相当する家賃を金融機関に一定期間支払い、最終的に不動産を取得する。英国では、不動産を取得したときに印紙税がかけられる仕組みになっているのだが、「イスラム金融」を使った住宅ローンの場合、金融機関と顧客が二重に印紙税を支払わなければならない。このため、英国政府は03年に、金融機関が不動産を取得したときにかかる印紙税を廃止した。

英国に居住するムスリムが保有する預金残高は約10億ポンドといわれるが、ムスリム人口の増加スピードが速いことなどから、「イスラム金融」の潜在的なリテール（小口金融）市場の規模は約50億ポンドに達するとみられている。

リテール市場だけではない。英国政府は、ロンドンの国際金融街であるシティーを「イスラム金融」の一大取引拠点にしようと計画している。

英国が自国の金融マーケットに「イスラム金融」取引を導入したのは早く、すでに80年代にはロンドン金属取引所（ＬＭＥ）で「イスラム金融」の仕組みが導入されていた。今後は、「イスラム金融」を一段と発展させるために、税制面での特別措置や各種の規制緩和を進めていく。日本を含めて他の先進諸国でも「イスラム金融」を振興しようという動きが出ているが、英国は地理的に中東諸国に近いということもあって、「イスラム金融」を振興してオイルマネーの流入を図るうえで有利といえる。

英国政府は２０１２年に開催されるロンドン・オリンピックの資金調達をイスラム金融債「スクーク」で行う予定だ。オリンピック開催予算93億ポンドのうち、数億ポンドが「スクーク」によって調達される。

すべての銀行がイスラム銀行になったイラン

これまで読者のみなさんと一緒に眺めてきた「イスラム金融」を振興する国々はいずれも、国内に、日本と同じような一般金融と、「イスラム金融」が並存する仕組みを採用していた。「イスラム金融」といっても、決して何もかもがイスラム化してしまうということではなかった。

しかし、世界を広く見渡すと、大胆にも国内の金融システムをすべて「イスラム金融」に変えてしまった国が存在する。それが中東のイランとアフリカのスーダンである。まず、イランの「イスラム金融」について眺めてみよう。

70年代までは、イランも他の国々と変わらない一般的な金融システムを採用していたのだが、80年代に入って金融システムが劇的な変化を遂げた。そのきっかけとなったのが「イラン革命」である。

79年、親米路線をとるパーレビ王政が急激な近代化政策を進めることに反対して、イスラム教シーア派が、ホメイニ師を指導者として革命を起こした。「イラン革命」の成功により国王は亡命し、ホメイニ師が実権を握った。そして革命に伴い、経済が危機的な状況に陥ったことから、すべての銀行が国有化され、同時にイスラム銀行となった。

その後、イラン政府は84年3月に「新銀行法」を施行、本格的に金利の受け渡しのない「イスラム金融」の金融取引を導入した。イラン国内のイスラム銀行は、無利息で預金者からおカネを預かって、それを各種のプロジェクトや国営企業、民間企業に融資していく。イスラム銀行は、おカネの貸出先から利息の代わりにプロジェクトなどで得られた利益を受け取る。この利益は配当という位置づけになる。そして、この配当を預金者に再配分していくという仕組みだ。

「新銀行法」が施行されてから、イラン政府はイスラム銀行からインフラ投資や資源開発のための資金を大量に調達するようになった。

ただ、すべての銀行をイスラム銀行にしたことによる弊害も出てきている。一番の問題は、預金者がイスラム銀行に預けた預金の多くが、財政収支が悪化して資金繰りが厳しい政府部門への貸し出しに回されるようになり、その結果、民間部門ではイスラム銀行から資金を調達することが難しくなってしまったということだ。

また、最近では、核開発問題をめぐって、イランと欧米諸国との対立が深刻化しており、その影響を受けて、イランのイスラム銀行の経営も厳しくなってきている。

イランはすでに核燃料製造につながる濃縮ウラン製造に成功したが、あくまでも原子力の平和利用と主張している。06年12月には、国連安全保障理事会がイランに核関連活動の全面停止を義務付け、イランへの核関連物質の移転を禁止する経済制裁を科した。イランがこれに応じなかったことから、国連安全保障理事会は07年3月に追加の経済制裁を科した。さらに07年10月、米国は単独でイランに対する追加的な経済制裁を実施することを決定した。米国が打ち出した追加的経済制裁では、イラン最大のイスラム銀行「メリ銀行」を含む複数の金融機関が原子力開発や革命防衛隊に資金協力をしているとされ、これらの金融機関の在米資産が凍結された。また、米国の企業や個人との金融取引も禁止されてしまった。

このため、イランのイスラム銀行は「イスラム金融」を振興するマレーシアなど東南アジア地域に新たな営業拠点を設立しようという動きを強めている。

高度経済成長とダルフール紛争のスーダン

北アフリカに位置するスーダンも、イランと同様に、国内のすべての銀行をイスラム銀行にしている。スーダンは、アフリカ大陸では最大の面積を持ち（日本の約7倍）、ムスリム人口が多い国として知られている。06年時点で3008万人のムスリムが存在し、総人口（4120万人）の73％に上る。首都はハルツームだ。

先に紹介したイスラム金融保険の「タカフル」は、79年にスーダンで初めて制度化されたものである。

「イスラム金融」を振興するスーダンでは、近年、UAEやクウェート、サウジアラビアといった中東諸国からの投資マネーが大量に流入するようになっており、インフラ建設を中心とした投資活動が活発化している。中東諸国のイスラム銀行がスーダンに進出する動きも加速している。

オイルマネーの流入を背景とした投資の拡大によって07年の実質経済成長率は、前年比10・5％増と非常に高い伸びになった。

このように、スーダンでは「イスラム金融」の振興などによって、経済が好調となっている一方、政治・治安については内戦などが相次いで発生しており、非常に不安定な状態となっている。

現在、スーダンでは民族対立の問題が深刻化している。スーダン西部に位置するダルフール（黒人のフール人の国という意味）で、03年頃からスーダン政府が支援するアラブ系民兵と黒人反政府組織との対立が激化しているのだ。

アラブ系民兵が黒人反政府組織の村を襲撃するなどして、約250万人が難民、避難民になっているという。また、この内乱で20万人以上の人々が死亡したとも伝えられる。スーダンで発生したダルフール紛争は、「世界最大の人道危機」といわれているのだ。ダルフール紛争は現在も続いている。

ダルフール紛争については、スーダンとの経済・軍事的なつながりが強い中国への国際的な非難も強まっている。原油需要が急拡大している中国は、産油国のスーダンから大量の原油を輸入したり、油田の開発に関わっており、その見返りにスーダンで道路などのインフラ建設を請け負ったり、武器を輸出したりしている。

そして、中国がスーダンに輸出した武器の一部が、ダルフール紛争に使われている可能性があるのだ。中国は、スーダンに対して、欧米諸国のような内政干渉をしてこないため、スーダンは中国との経済的な結びつきを一段と強めようとしている。中国はダルフールの問題解決に向けて、スーダンや隣国のチャドに働きかけていると表明しているが、欧米各国は、中国の姿勢が消極的であると批判している。

08年2月には、ダルフール問題に対する中国の対応に不満を持つアメリカ映画の巨匠、スティーブン・スピルバーグ監督が中国で開催される北京オリンピックの芸術顧問から退くとの声明を発表した。

重厚長大産業が台頭し始めたパキスタン

今度は、パキスタンの経済・社会情勢について眺めてみよう。パキスタンは、ＢＲＩＣｓの名づけ親であるゴールドマン・サックスが提唱したポストＢＲＩＣｓの有力グループ「ネクスト・イレブン」にも顔を出す。

パキスタンは、隣国のインドと同様、経済活動に占める農業部門の割合が高く、基本的に農業生産の多寡《たか》に経済成長が左右されやすい構造となっている。

製造業もこれまでは繊維産業が中心となっていたため、綿花の収穫高などの影響を受けやすかった。90年代は、農業部門が全般的に振るわなかったため、低い経済成長率が続いた。たとえば、99年度はサトウキビの収穫減の影響で経済成長率が前年比プラス3・9％に低下、00年度も干ばつの影響で農業が振るわなかったことから、同プラス2・0％の低成長となった。

しかし、01年度以降は、経済成長率が徐々に加速しており、07年度は前年比プラス7・0％の高成長を実現した。

農業生産が回復したことに加えて、農業以外の産業が徐々に育ってきたことが、近年の高成長につながっている。

製造業においても、農業生産に左右される繊維セクターのほか、自動車など重厚長大型の産業が台頭しつつある。98年度に3万7262台にとどまっていた国内の乗用車販売台数は、中産階級の増加などによって急増しており、06年度の販売台数は16万5268台に達した（図表17）。

また、パキスタンでは、隣国のインドと同様に皮革産業が発達している。とくにサッカーボールの製造が盛んで、世界のボールの約3分の2はパキスタンでつくられているといわれる。

図表17 パキスタンの乗用車販売台数

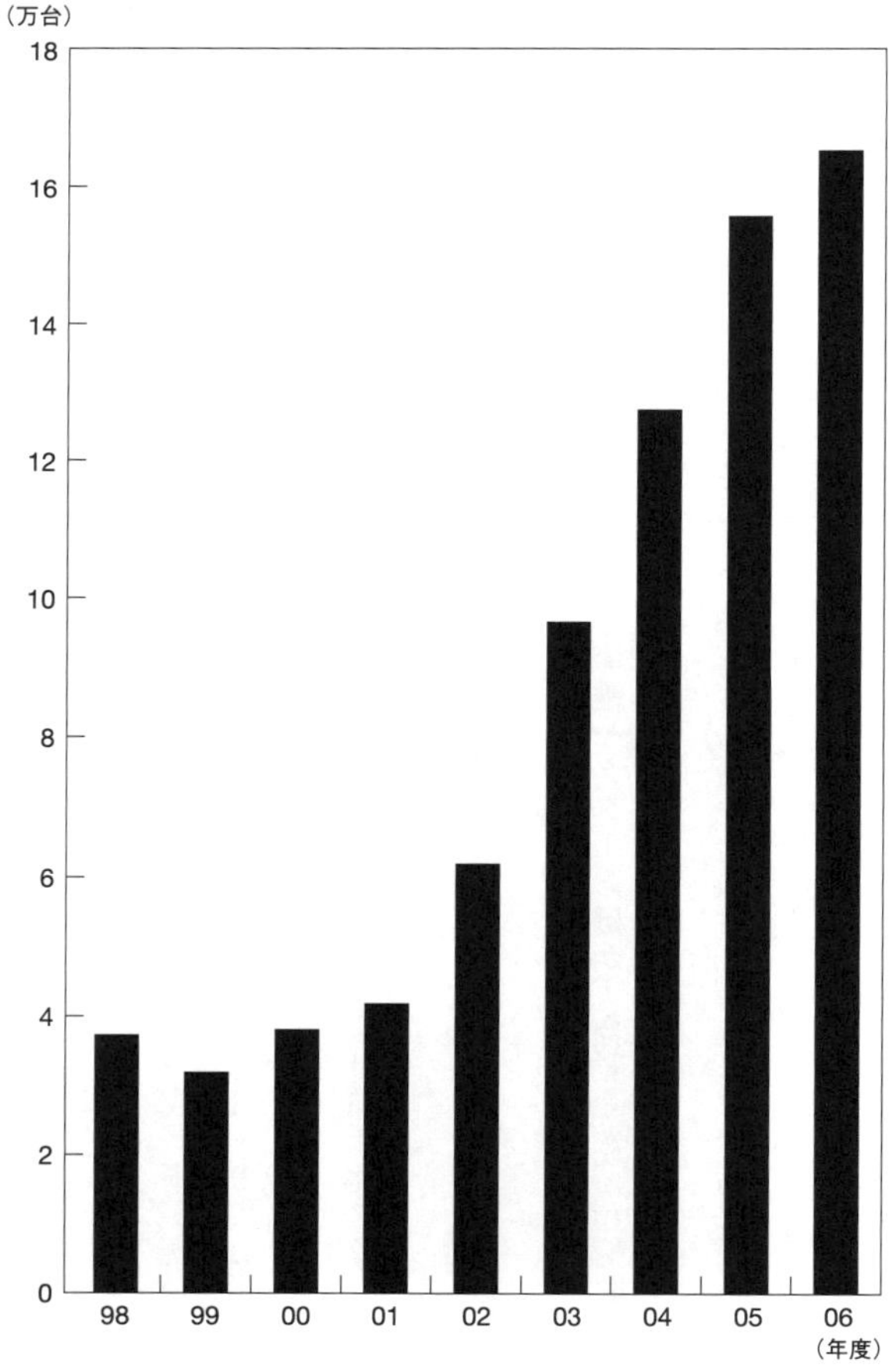

（出所）パキスタン中央銀行資料

サッカーのワールドカップの公式戦で使用されるサッカーボールも、そのほとんどがパキスタン製だ。

ボールを生産・輸出して外貨を稼ぐために、多くの労働者がサッカーボールの製造に従事しているが、農村部を中心に、子どもたちが劣悪な労働条件のもと、強制的に作業に従事させられるケースも少なくない。丸一日、ボールの製造を手伝わされて、学校に通うことすらできない子どもも大勢いる。国際労働機関（ＩＬＯ）などが監視に乗り出すなどの対策も進んでいるが、子どもの強制労働の問題はまだ解決されていない。

外資の導入やＩＭＦ（国際通貨基金）をはじめとする海外からの経済援助・融資、内需の拡大、新産業の育成といったプラスの要因にかんがみると、パキスタン経済は中長期的に高成長路線を歩むことが期待できそうだ。

パキスタンにとって、短期的な景気の懸念材料はインフレーション（物価の上昇）の加速である。

ここ数年、高成長を続けてきたため、景気はやや過熱気味となっている。需要の拡大に供給が追いつかなくなって、モノの値段に上昇圧力が生じているのだ。

また最近の原油の国際価格の高騰も、物価に対する上昇圧力として働き始めている。06年度のインフレ率はプラス７・９％と高い伸びになった。インフレ目標はプラス６・５％となっているが、現在はその目標値を超えており、中央銀行は金融引き締め政策をとっている。インフレが顕在化すれば、金融引き締め政策の強化によって、パキスタンの景気が冷え込む可能性があることには十分な注意が必要だろう。

ブット元首相暗殺で政情不安が浮き彫りに

パルヴェーズ・ムシャラフ大統領が、金融や貿易の自由化といった各種の規制緩和を積極的に進めていることなどを背景に、パキスタンでは海外からの投資が増加傾向にある。実際、パキスタンの中央銀行が発表する国際収支統計をみると、近年、パキスタンへの対内直接投資が急増していることが分かる。

06年度の対内直接投資額は約51億ドルと、前年実績（35・2億ドル）に比べて1・4倍の規模に膨らんだ。株式や債券などの対内証券投資も増加しており、06年度は05年度実績に比べて5・2倍の規模に達した。

パキスタンへの投資が増えている背景には、規制緩和の効果に加えて、同国の経済が好調に推移していることもある。現状、海外からパキスタンへの投資は欧米や原油の国際価格高騰で潤う中東地域が中心となっており、電力や通信、不動産などの分野で投資を増やしている。

海外からの投資マネーがたくさん流入していることから株式市場も活況を呈している。カラチ証券取引所の代表的な株価指数であるカラチ株価指数は、02年頃から上昇傾向で推移している。株式市場には、中東など海外で働くパキスタン人のマネーも相当程度流入しているといわれる。

パキスタンにとってのアキレス腱は、国内の政情や治安が不安定であるという点だ。最近では、国内でイスラム過激派の活動が活発化している。

07年7月には、首都イスラマバードのモスクに過激派の神学生らが籠城するという事件が発生し、100人以上の犠牲者が出てしまった。また、パキスタン北西部の部族地域では、イスラム原理主義のタリバンと国際テロ組織アルカイーダが活動を展開している。

ムシャラフ大統領が07年12月15日に非常事態宣言を解除し、08年1月に総選挙の実施を約束したため、一時は政治の混乱が終息に向かうようにみえた。しかし、07年12月にブット元首相が暗殺されて、政情の不安定さが改めて浮き彫りになった。

現在も各地で暴動が発生しており、08年2月に実施された総選挙では、暗殺されたブット元首相の人民党とイスラム教徒連盟ナワズ・シャリフ派が躍進し、両党は連立政権をつくることで合意した。いずれも反ムシャラフ大統領路線を明確にしており、大統領は重大な危機に直面している。

パキスタンの政情が安定して国際社会の信任を取り戻すまでには、相当の時間を要するとみられる。これまでマクロ経済は好調に推移してきたが、政治リスクが高まっているため、センチメントの悪化により消費や投資といった国内需要は今後スローダウンを余儀なくされるだろう。また、海外からの投資マネーの流入も限られたものになりそうだ。

印パ関係はついに雪解けに向かうのか

パキスタン経済をみるうえでは、隣国のインドとの関係にも目を配る必要がある。インドとパキスタンは、長年カシミール地方の領有権をめぐって争ってきた。ただ、近年では両国の関係に改善の兆しが出てきている。

03年にインドのバジパイ首相（当時）が対話を呼びかけて以来、両国は関係改善のための対話を続けている。

05年4月には、インドのシン首相とパキスタンのムシャラフ大統領がニューデリーで会談し、両国の間で道路・鉄道往来を活発化させ、貿易促進のための委員会を復活させることで合意した。さらに05年10月8日に発生したパキスタン北部の大地震の際には、カシミール地方が大きな被害を受けたため、インドからの救援物資などの輸送を目的として、停戦ラインを両国住民が往来することを認めることとなった。

パキスタンは、これまで財政支出の多くを軍事費に充ててきたが、最近ではインドとの軍事的緊張が改善傾向にあるため、軍事予算が先行き縮小していく公算が大きいといえるだろう。

印パ両国の関係改善は、両国の貿易量の拡大やインドが計画している中東からの天然ガス・パイプライン敷設につながるといったプラス効果が期待できる。

印パ両国の関係が完全に正常化するまでには、なお時間を要するとみられるが、両国の関係が良い方向に向かっていることは間違いない。

闇勢力にも利用される送金システム「ハワラ」

イスラムの世界では、伝統的に「ハワラ（hawala）」あるいは「フンディ（hundi）」と呼ばれる非公式の国際送金システムが発達していた。

「ハワラ」を使った送金の仕組みは次のようになっている。まず、「ハワラ」の業者が海外送金を希望する顧客から現金を預かる。もちろんこの現金は、母国の通貨ではなく顧客が現在働いている国の現地通貨でかまわない。「ハワラ」業者は、この顧客に暗証番号を教えると、顧客は母国にいる現金の受取人に、この暗証番号を伝える。母国にいる現金の受取人は、この暗証番号を現地の「ハワラ」システム提携業者に伝え、現地の提携業者から直接現金を受け取るという流れだ。母国の受取人がもらう現金は、ハワラ業者が実勢レートで母国の通貨に換算した金額となる。送金手続きは一日で済んでしまい、領収書や受領書なども必要ない。

「ハワラ」には正規の金融機関と比べて、①迅速に送金ができる、②手数料が安い（手数料は送金額の1％程度）、などの特徴があるため、中東などの地域で働いている外国人の出稼ぎ労働者の多くが、「ハワラ」を利用して母国への送金を行っている。

とくにインドやパキスタン、スリランカ、バングラデシュといった南アジアの出稼ぎ労働者が「ハワラ」を利用する傾向が強く、パキスタンの場合、出稼ぎ労働者の約9割が「ハワラ」を活用しているといわれる。また「ハワラ」によって母国に送金された大量の資金が、再度、投資マネーとして中東諸国に還流するという流れもある。

「ハワラ」は、インドやパキスタンの出稼ぎ労働者にとっては非常に便利な存在であるが、問題はこれが出稼ぎ労働者だけでなく、闇勢力にも利用されているという点だ。

正規の金融機関でない「ハワラ」は、送金の記録がいっさい残らないため、犯罪者や国際的なテロ組織がアングラマネーの送金に利用するケースも少なくない。

インド国内で暗躍するイスラム過激派勢力は、「ハワラ」の送金システムを使って反政府運動のための資金を国外から調達しているともいわれる。

こうした状況下、インド政府は、「ハワラ」が麻薬・武器密輸組織やカシミールに本拠を置く反政府武装勢力の資金源あるいはマネーロンダリング（資金洗浄）の温床になっている可能性があるとして、「ハワラ」への監視体制を強化するようになった。

伸び代が大きい、パキスタンのイスラム金融

かつてパキスタンでは、先ほど紹介したイランと同様に、国内のすべての金融機関がイスラム銀行になっていた時期がある。パキスタン政府は、79年から徐々に国内銀行をイスラム銀行に変更していくようになり、85年には、すべての銀行がイスラム銀行となった。

しかし、すべての銀行をイスラム銀行にした結果、様々な問題や弊害が出てくるようになった。一番大きな問題は、国民だけでなく政府もイスラム銀行から資金調達をしなくてはならなくなったことで、資金借り入れ競争の激化によって、官民の資金調達コストが大幅に上昇したことである。また、イスラム銀行の内部で汚職・腐敗が横行したことも大きな社会問題として浮上した。

イランにしてもパキスタンにしてもそうだが、一国全体ですべての金融システムをイスラム化してしまうと、やはりいろいろな問題が出てくるのだ。

国内の金融機関をすべてイスラム銀行にするという計画が失敗に終わったため、その後パキスタンは、一般銀行を中心にして、そこにイスラム銀行が並存するという金融システムを採用している。

07年8月末現在、パキスタンには6つのイスラム銀行が存在しており、それらが129店の支店網を持っている。また、一般銀行で内部に「イスラミック・ウィンドウ」を併設している銀行は12行に上り、支店数網68店となっている（07年8月末現在）。

パキスタンのイスラム銀行が行っている「イスラム金融」は、「ムダーラバ」と「イジャーラ」が中心で（「ムダーラバ」と「イジャーラ」の詳細については第一章を参照のこと）、この2つがファイナンス業務の約7割を占めている。

では、イスラム銀行の資産規模はどれぐらいになるのか。パキスタンのイスラム銀行が持つ金融資産残高は、1590億ルピー（07年上半期末時点）で、これは国内銀行の金融資産残高全体の3・4％に相当する。イスラム銀行の資産規模がパキスタンの金融機関全体に占める割合はまだ小さなものにとどまっているが、年率67％のハイ・スピードで資産残高が拡大しており、ムスリムの間で「イスラム金融」は着実に浸透しつつあると評価できるだろう（図表18）。

パキスタン政府は、「イスラム金融」の振興を政策目標のひとつに掲げており、2014年までに、イスラム銀行の資産残高が金融資産全体に占める割合を10～15％まで引き上げることを目指している。

また、個別のイスラム銀行では、顧客に提供する各種の金融サービスの質を向上させることによって、新規顧客の獲得を増やそうとしている。

図表18 パキスタンのイスラム銀行の資産残高の推移

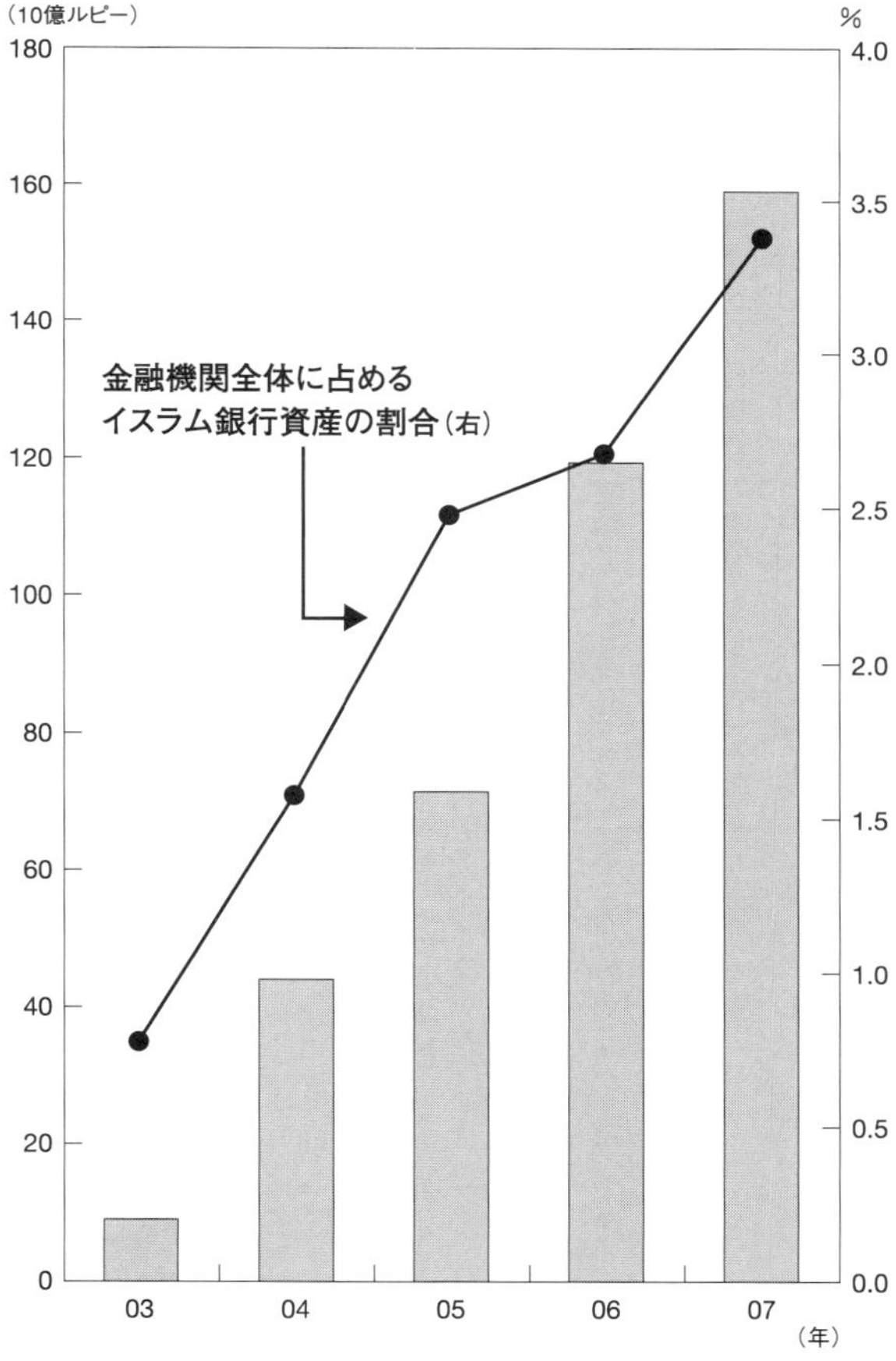

（出所）パキスタン中央銀行資料
（注）07年は6月末時点。その他は年末時点の数字

貧困削減に貢献、バングラデシュのグラミン銀行

バングラデシュもムスリムの人口が多い。バングラデシュのムスリム人口は、06年時点で1億2733万人となっており、総人口の88・3%を占める。

現在、バングラデシュ国内では、マイクロ・ファイナンスが積極的に展開されている。マイクロ・ファイナンスというのは、貧しい人たちを対象とした小口融資（マイクロ・クレジット）や、小口預金、小口保険を総称したものだ。

マイクロ・ファイナンスは利子の取引を伴うので、利子の取引を原則禁止とする「イスラム金融」ではないが、イスラム教の教えのなかにある貧者救済の「喜捨」（ザカート）の趣旨に沿った金融取引といえる。

バングラデシュのマイクロ・ファイナンスでとくに有名なのがグラミン銀行である。06年10月13日、ノルウェーのノーベル賞委員会は、06年のノーベル平和賞をバングラデシュのグラミン銀行と創設者のムハマド・ユヌス総裁に授与することを発表した。アジアからのノーベル平和賞の受賞は、00年の金大中韓国大統領（当時）以来の快挙である。

そこで以下では、バングラデシュ経済の現状とグラミン銀行について詳しくみていきたいと思う。

まず、バングラデシュ誕生の経緯だが、71年、東パキスタンの独立要求を契機として第三次

印パ戦争が勃発《ぼっぱつ》した。インドが東パキスタンを支援してこの独立戦争に介入、戦争はインドの圧勝に終わる。この戦争の結果、東パキスタンはバングラデシュとして71年12月に正式に独立した。

独立当初のバングラデシュは、政情が不安定なうえ基本的なインフラも不足していたことから、経済は停滞色を強め、貧困などの問題が深刻化していた。

90年以降、民主主義が浸透するようになると、徐々にインドやパキスタンなど近隣諸国との貿易も盛んになり、それに伴い経済成長率が高まるようになった。近隣のインドやパキスタン経済が高成長を続けているため、その恩恵を受けているという側面もある。

バングラデシュの主要な産業は農業と繊維産業である。農業生産では米、ジュート、さとうきびなどが主要産物となっている。農業がGDPに占めるウエイトは20％と非常に高く、天候要因によって経済成長が大きく左右される傾向がある。また、バングラデシュは石炭や天然ガスなどの天然資源にも恵まれている。とくに天然ガスが豊富で、発見されている埋蔵量だけでも4400億立方メートルに達する。

海外からの直接投資も増加傾向にあり、最近ではインドのタタ財閥が、バングラデシュに製鉄所や発電所、化学薬品工場を建設するなど巨額の投資を行う方針を発表した。バングラデシュは基本的に外資の出資制限を設けていないため、外国企業が進出しやすい状況となっている。

バングラデシュ経済が抱える大きな問題のひとつは、貧困層の増加だ。ムスリム人口が多いバングラデシュでは人口が毎年プラス2％近くのハイ・スピードで増加している。05年の総人口は約1億4000万人だが、2028年には2億人を突破する見通しだ。

BRICsにおいては、人口の増加は労働力の供給源となり、経済にとってプラスの要因として働いているが、バングラデシュはマクロ経済の基盤が脆弱《ぜいじゃく》であるため、人口の増加が貧困層の増加を招く結果となっている。

バングラデシュの1人あたりGDP（国内総生産）は06年でわずか415・4ドルと日本の100分の1にすぎない。また、1日あたりの収入が1ドル以下の人たちが全人口の50％を占めている。

人口爆発を抑制しながら、マクロ経済のファンダメンタルズ（経済の基礎的諸条件）を強化することが、政府にとっての喫緊《きっきん》の課題となっている。

もうひとつ、バングラデシュには政治的なリスクもある。バングラデシュでは、総選挙をめぐって与党の民族主義党と野党のアワミ連盟の対立が激化するようになった。このため、07年1月、アハメド大統領が非常事態宣言を出して総選挙が延期されるという異例の展開となった。その後、シア前首相やハシナ元首相が汚職容疑で逮捕されるなど、政治情勢は混迷を極めている。総選挙は、08年中に行われる予定となっている。

バングラデシュは、05年末にゴールドマン・サックスが提唱したポストBRICsの有力グループ「ネクスト・イレブン」に含まれており、ポストBRICsの候補であると唱える専門家もいるが、筆者は、貧困の問題や政治リスクなどが障害になって、経済がテイク・オフするにはなお相当の時間がかかるとみている。

このように、バングラデシュでは、いまなお多くの国民が貧困にあえいでいる。そうしたなかで、貧困の削減に貢献しているのが冒頭で紹介したグラミン銀行なのだ。

グラミン銀行は、マイクロ・クレジット（小口融資）の事業主体で、83年にバングラデシュに設立された。本部は首都ダッカにある。現在では、バングラデシュ国内に2000を超える店舗を持ち、バングラデシュの9割の地域をカバーしている。

これまで660万の人たちに総額50億ドル余りを無担保で貸し付けて（図表19）、なんとその98％がきちんと返済されている。

なぜグラミン銀行は貧しい人たちに貸し付けているのに、これほど高い返済率を達成できるのか。その秘密は融資先の97％が女性になっている点にある。バングラデシュの女性は、家族を守らなくてはならないという意識が男性に比べて強く、借りたお金を有効に使って、必ず返済をする。

また、グラミン銀行も貸し倒れが発生しないように、利用者を5人単位のグループとして、

図表19 **グラミン銀行の融資額の推移**

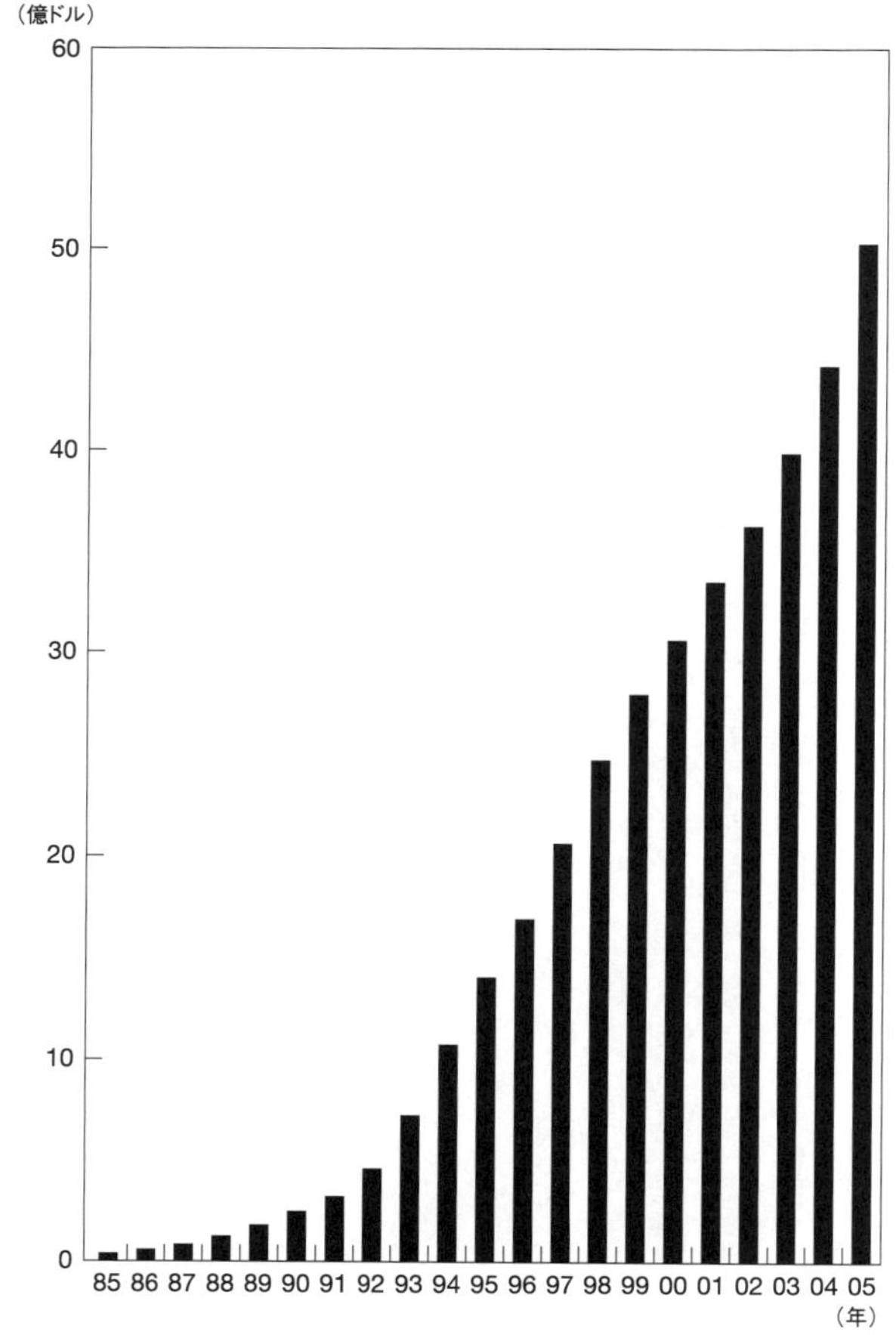

（出所）グラミン銀行資料

返済が滞らないよう相互に監視をさせるなどの工夫をしている。銀行の支店は、定期的に利用者のグループを訪問して、返済計画についての集会を開く。グラミン銀行の融資は、貧しい人たちが返済できる範囲で貸し付けや返済額の設定を行っているという点に特徴がある。

女性たちがグラミン銀行から借りたお金は、主に井戸の採掘や家畜の購入などに使われている。また、グラミン銀行で住宅ローンを組んでマイホームを建てることもできる。

グラミン銀行が打ち立てたビジネス・モデルは、バングラデシュ国内にとどまらず、世界的な広がりをみせ始めている。

近年では、開発途上国のみならず、米国やフランスをはじめとする先進国でも、マイクロ・クレジットのビジネスが拡大している。

現在の日本では、低所得の人たちに高金利で多額のお金を貸し付ける消費者金融の問題が深刻化しているが、低所得の人たちに融資するにあたっては、グラミン銀行のビジネス・モデルに見習う点は多いのではないか。

世界最大のイスラム国家、インドネシア

筆者が提唱したポストBRICsの有力グループ「VISTA」（ベトナム、インドネシア、南アフリカ、トルコ、アルゼンチンの5カ国）の一角を占めるインドネシアとトルコも、「イ

スラム金融」が発達している。

そこで、今度は、インドネシアとトルコについて詳しくみていくことにしよう。

まず、インドネシアであるが、同国は世界最大のイスラム国家である。インドネシアは１６００年代からオランダの植民地になっていたが、１９４５年に独立してインドネシア共和国を樹立した。首都はジャカルタで、現在の大統領は、インドネシア初の民主的な選挙で選ばれたユドヨノ大統領だ。

一般にはあまり知られていないが、インドネシアについては、すでに95年の段階で、経済協力開発機構（ＯＥＣＤ）がＢＲＩＣｓと同列で将来の経済大国になることを予測していた。97年7月に発生した通貨・金融危機の打撃によって、インドネシア経済はＢＲＩＣｓの後塵《こうじん》を拝することになってしまったが、潜在的な成長力は非常に大きい国といえる。

まず、インドネシアの人口規模についてみると、05年は2億２２７８万人となっている。日本の総人口の約2倍に達し、中国、インド、米国に次いで世界第4位の規模を誇る。

世界最大のイスラム教徒を抱えるインドネシアは、宗教上の理由もあって産児制限をしていない。このため、中長期的にも人口の大幅な増加が見込まれ、２０５０年には2億８４６４万人と05年対比で1・3倍の規模まで膨れ上がるとみられる。

こうした人口の増加は、将来労働力が潤沢に供給されることを意味しており、インドネシアのマクロ経済が軌道に乗ったとき、経済成長にとってプラスの要因として働くことになる。

また、インドネシアは国土面積が広く(日本の5倍以上)、立地条件が良好なことから、原油やガス、天然ゴムといった各種の天然資源が豊富に眠っている。

さらに、外資の導入にも意欲的だ。通貨危機発生後、政治・経済の混乱により日本を含めて外国企業の多くはインドネシアからの撤退を余儀なくされた。通貨危機から立ち直り、マクロ経済が通貨危機前の水準に回復した後も、直接投資の流入額は低迷したままだった。しかし、04年10月に就任したユドヨノ大統領は、外国企業の投資拡大を最大の課題として掲げており、外資誘致に積極的な姿勢を示している。

インドネシア政府が投資優遇策を拡充していることなどもあって、外国企業の進出には再度増加の兆しがみえ始めている。インドネシア投資調整庁の統計によると、06年における外国企業の直接投資認可額は前年比11・6％増の高い伸びを記録した。

さらに、購買力のある中産階級が徐々に台頭してきたことも、消費主導の高成長につながっている。現在、華人を中心にインドネシアの総人口の1割にあたる2200万人程度が中産階級に属するといわれており、彼らが自動車やオートバイ、家電製品といった高額耐久消費財を積極的に購入している。現在、インドネシアのオートバイ市場は世界第3位の大きさだ。

インドネシア経済のアキレス腱は、インフレーションが発生しやすいということだ。

インドネシアは世界有数の産油国だが、原油の生産量は通貨危機発生以降、減少傾向を辿《たど》っている。05年の原油生産量も前年比1・4%減の5500万トンにとどまった。これは、98年のスハルト政権崩壊に伴い国営の石油会社プルタミナの汚職が発覚、同社の経営が混乱状態に陥り、同社と資本提携を結んでいた欧米の石油メジャーがインドネシアにおける油田開発などの新規投資を控えたことが大きく影響している。

油田の老朽化が進む一方、モータリゼーションや工業化の進展によりインドネシア国内の原油需要は大幅に拡大している。この結果、原油の国内需給が次第に逼迫、インドネシアは04年に原油の純輸入国へと転落した。

このため、原油の国際価格が上昇すると、それに連動して国内の物価も上昇しやすくなっている。原油価格が高騰した05年には、インフレ率が10・5%にも達した。

しかし、最近ではインフレーションが落ち着きを取り戻しつつある。物価の安定を受けて、インドネシア中央銀行は金融緩和策をとるようになった。06年の7月以降、相次いで政策金利(中銀短期証券1カ月物の利回り)の誘導目標の引き下げを実施している。今後もしばらくは金融緩和策が続くとみられる。

金利の低下を背景に、金利に敏感に反応する耐久消費財など個人消費の回復が期待される。すでに、自動車やオートバイなどの高額耐久消費財については販売の回復傾向が鮮明となっている。中産階級向けのデジタル家電の販売も好調だ。

インドネシア語版「プレイボーイ」休刊事件

インドネシアは、ムスリムが総人口の9割を占めるが、ムスリムの多くは穏健派に属しており、シャリーア（イスラム法）に基づく厳格な法律の導入・適用は原則として認められていない。

しかし、近年ではイスラム強硬派が台頭してきており、イスラム回帰の動きが強まっている。アチェ州など一部の地方では、鞭打ちの刑など独自に「シャリーア」を条例として適用する動きも出ている。ムスリムの女性が、頭髪を覆い隠すジルバブ（スカーフのようなもの）を着用するケースも増えている。

このようなイスラム回帰の背景には、社会・文化の欧米化が進む同国で、インドネシア固有の伝統文化が破壊されるとの危機感の強まりがある。

たとえば06年2月には、デンマークのメディアがイスラム教の預言者ムハンマドの風刺漫画を掲載したことに対して大規模な抗議運動が起こった。イスラム強硬派の人たちが、ジャカルタにある米国大使館前で抗議デモを行ったほか、デンマークからの製品輸入のボイコット運動も実施された。

また、06年4月に米男性月刊誌「プレイボーイ」のインドネシア語版が創刊されたのだが、これが大騒動となった。イスラム強硬派の団体が猛烈な抗議をしたためだ。月刊誌の内容は女性のヌード写真のない穏健なものだったが、それでもポルノに対して厳格なイスラム強硬派には許容されなかった。1部約500円で10万部を発売したが、出版社が襲撃されるなど反対派による厳しい抗議を受けて、「プレイボーイ」は一時休刊に追い込まれてしまった。この事件で、プレイボーイの編集長は起訴されている。07年4月、南ジャカルタ地裁は、「プレイボーイ」の内容はポルノにはあたらないとして、この編集長に無罪判決を言い渡した。ただ、イスラム強硬派の人たちは、この判決に抗議している。

実は、日本の企業も、かつてインドネシアのムスリムから反発を受けたことがある。2001年、味の素のインドネシア子会社が製造した調味料に、ムスリムが忌避する豚に由来する成分が入っていたとして、不買運動が起こったのだ。味の素は、その後すぐに調味料の成分を変更したため、現在ではインドネシアでの調味料の販売は好調となっている。

また、08年4月に現職の中央銀行総裁が汚職で逮捕されるなど、インドネシアでは政治家や官僚の汚職事件が頻繁に起きるが、これもイスラム回帰の動きを強める一因となっている。社会規範や道徳規範が緩いために、汚職事件が起きるという考え方による。

新投資法で海外からの直接投資を呼び戻す

インドネシアでは、07年3月29日に新投資法案が国会で可決された。当初は、07年2月に可決する予定だったのだが、税法などをめぐって審議が難航したため可決が3月末にずれこんだ。この新投資法案は、武器を除いた分野での外国企業の投資拡大を狙ったもので、07年4月に正式に発効した。

インドネシアは、67年に外国投資法を制定した後、外国企業の出資基準の緩和などを進めてきた。

94年にはネガティブ・リストに掲載された特定の業種を除いて出資比率100％の外資の進出も認められるようになった。

今回の新投資法案では、外国企業の投資認可までの期間が大幅に短縮される。旧法では認可期間が150日間であったのだが、新法では5分の1の30日間となる。

このほか、税制面での優遇措置もなされる。旧法のもとでは、中央政府と地方政府の規制が複雑に入り組んでおり、外国企業が中央政府と地方政府に二重に税金を徴収されるケースがあったのだが、新法では認可手続きの一元化を実現する。

新投資法案の成立によって、資源や自動車、電気機械などの分野を中心に外国企業のインドネシアへの投資拡大が期待される。

これまでのインドネシアへの投資の動向をみると、外国企業のインドネシアへの直接投資額は97年までは大幅に拡大してきた。しかし、97年7月に発生した通貨・金融危機以降は、インドネシアの投資環境が急速に悪化したため、欧米諸国や近隣アジア諸国はインドネシアから直接投資を引き揚げる動きを強めた。とくに98年の落ち込みが顕著であったのだが、これは98年5月のジャカルタ暴動に代表される政情不安、金融機関の相次ぐ破綻《はたん》、ルピア防衛のための金融引き締め政策などが影響している。

近年では、インドネシアのマクロ経済が好調に推移するなかで、認可ベースでとらえた直接投資額は回復傾向にある。しかし、実行ベースの直接投資額は伸び悩んでおり、06年の直接投資実行額は前年比33％減となった。

04年10月に誕生したユドヨノ政権は外資の導入を重要視しており、外資導入をテコにした高成長を目指している。十分な天然資源、豊富な労働力、巨大な国内マーケット、大量のインフラ需要といったことを考慮すると、中長期的にインドネシアが海外の直接投資を呼び戻す余地は大きいといえる。

とくに、インドネシアが期待しているのが日本からの直接投資の拡大だ。インドネシア政府は、今後5年間で日本からの直接投資を倍増させることを計画している。

アジア最大のバイオ燃料拠点を目指す

06年7月、インドネシアのユドヨノ大統領は、大規模なバイオ燃料関連の国家プロジェクトを発表した。このプロジェクトには、総額で10兆ルピアにも上る巨額資金が投入される予定になっている。

インドネシアはアジア有数の産油国なのだが、近年ではモータリゼーションの急速な進展などによって国内の原油需要が高まっており、原油や石油関連製品を海外から輸入する動きが強まっている。原油の国際価格が高騰するような局面では、インドネシアにおいて国内物価が急激に上昇したり、貿易赤字が発生するおそれがある。

そこで、石油に代わる次世代のバイオ・エネルギーを国家主導で開発しようという動きが出てきたというわけだ。インドネシア政府はバイオ燃料プロジェクトを手がける企業に対して免税措置を実施するほか、一部の都市の公共交通などでバイオ燃料の使用を義務付けるなどの政策を推進していく。

バイオ燃料の分野ではブラジルやアルゼンチンなど南米の国々が有名だが、熱帯雨林気候のインドネシアにおいても、ヤシやキャッサバなどバイオ燃料の原料となる植物が豊富にある。とくにパーム油については、その生産量がマレーシアに次いで世界第2位、世界全体の生産量の実に42・2%を占めている。

バイオディーゼル燃料として使えるパーム油は、軽油の代替エネルギーとして世界的に注目されている。

貧困にあえぐ農民の収入を増やすことを目的に、バイオ燃料の原料となる植物の作付面積を増やす計画もあるため、将来的には、インドネシアがマレーシアを抜いて世界最大のパーム油の生産拠点になることが見込まれている。

インドネシア政府は、バイオ燃料の植物栽培を拡大することなどによって、400万人の新規雇用が生まれるとみている。

インドネシア政府がバイオ燃料の開発プロジェクトに本腰を入れるなかで、海外の企業もバイオ燃料プロジェクトに積極的に参加するようになってきた。インドネシア政府は、50社以上の海外の企業（投資総額は124億ドル）がバイオ燃料のプロジェクトに進出するとみている。たとえば、中国の大手石油会社である中国海洋石油（CNOOC）は、インドネシアにバイオ燃料の農園や生産工場を建設する予定だ。英国のBP社も、インドネシアで大型のバイオ燃料工場を建設する計画を発表している。

日本では、伊藤忠商事や三菱商事、三井物産などの大手総合商社がインドネシアのバイオ燃料プロジェクトに進出する予定となっており、相次いでバイオ燃料の工場の建設計画が出ている。

原油などエネルギー資源の少ない日本は、インドネシアでつくられたバイオ燃料を輸入することによって、貴重なエネルギー資源を確保することができる。

インドネシアには、スマトラ島やカリマンタン島など未開拓となっている地域がたくさん存在するので、将来、未開拓地の開発が進んでいけば、インドネシアがアジア最大のバイオ燃料拠点になる可能性もある。

イスラム金融振興策で中東諸国との関係強化

インドネシアは、世界最大のムスリム人口を抱えているにもかかわらず、他のイスラム諸国に比べるとイスラム教の解釈が柔軟であり、90年代までは「シャリーア」に基づく「イスラム金融」の発展が遅れ気味であった。しかし、インドネシア中央銀行が、98年にイスラム銀行の設立を認めてから、次第にムスリムの間でイスラム銀行を利用する動きが広がっていった。

さらに、2000年代に入ってからは、インドネシア政府が中東のオイルマネーを呼び込むことを目的として「イスラム金融」を国家レベルで振興しようという流れが出てくるようになった。02年にはイスラム金融を振興することを旨とした「ブループリント」が作成されている。

そうした状況下、インドネシアの「イスラム金融」は急スピードで拡大しており、03年末に8億5000万ドルにすぎなかったイスラム金融資産が、06年末には29億4000万ドルと、わずか3年間で3・5倍の規模にまで膨らんだ。

インドネシアにはイスラム金融に特化したイスラム銀行は3行しかないが、イスラム金融・一般金融併設のイスラミック・ウィンドウが増えており、現在は22行のイスラミック・ウィンドウが存在する。

インドネシアにおいて、イスラム金融資産が全金融機関の資産に占める割合は現在わずか1・5%程度であるが、08年末にはそれが5%まで上昇するとみられている。また、「イスラム金融」の資本市場も整備されつつあり、「シャリーア適格銘柄」で構成されるジャカルタ・イスラミック・インデックス（JII）の株価指数は近年、大幅に上昇している。

イスラム銀行に対する需要の高まりを受けて、中東のイスラム銀行がインドネシアに拠点を設ける動きも加速するようになった。たとえば、07年末には、カタール系のイスラム銀行、アジアン・ファイナンス・バンクが、ジャカルタに駐在員事務所を開設する免許をインドネシア中央銀行から取得した。

「イスラム金融」の振興をきっかけとして、金融面だけでなく実体経済の面においてもインドネシアと中東諸国の結びつきは強まりつつある。インドネシアがオイルマネーの呼び込みに積極的になっていることもあって、中東の企業のインドネシアへの進出計画は目白押しだ。

たとえば、UAE（アラブ首長国連邦）の通信大手、エミレーツ・テレコミュニケーションズ（ET）は08年中に、インドネシアの携帯電話3位のエクセルコミンドに出資をすると発表した。ETのエクセルコミンドに対する出資額は、約4億3800万ドルになる見込みだ。インドネシアでは、都市部を中心に携帯電話が急速な勢いで普及しており、外国の通信会社にとって、インドネシア市場への進出は大きなビジネスチャンスといえる。

また、UAEの不動産大手エマール社は、インドネシアのロンボク島で、ホテルやゴルフ場などリゾート開発を進める予定となっている。エマール社の投資額は6億ドルに達する見込みだ。

インドネシア政府は、将来、国内のインフラ整備を進めていくにあたって、資金調達を目的として、イスラム金融債（スクーク）の発行を増やすことも検討している。

構造改革の痛みを乗り越え高成長へ、トルコ

トルコ共和国はオスマントルコ帝国の時代に、イラン、イラク、アラビア半島、エジプト、ブルガリア、ルーマニア、ハンガリー、バルカン諸国、オーストリアまで支配したことのある大国である。トルコのムスリム人口は06年時点で7355万人に上り、全人口の99・8％を占める。

トルコ経済は02年後半以降、高成長が続いている。高成長の背景には、IMF（国際通貨基

金）主導による、一連の構造改革が成功したことがある。

トルコ経済は00年から01年にかけて、2度の金融危機（00年11月、01年2月）に直面した。中小金融機関の不正取引疑惑が浮上したことがきっかけで、預金支払い能力に対する不安が広がり、大手銀行が中小金融機関への貸し出しを絞るようになったことが金融危機の発端だ。

01年9月の米国同時多発テロ事件発生と世界経済の減速が、この金融危機をより深刻なものにする。金融システムの混乱と資本逃避によって、通貨リラの価値や株価が暴落、年率50％を超える高いインフレや金利の暴騰にも見舞われた。輸入物価の上昇により、個人消費が大幅に減少したほか、金利の上昇によって設備投資も低迷、01年の実質経済成長率は前年比7・5％減まで落ち込んだ。

トルコ政府は、01年2月に従来のクローリング・ペッグ制（通貨当局が小刻みに基準為替レートを変更する制度）を放棄、事実上の通貨切り下げを意味する変動相場制へと移行した。

またＩＭＦの支援を仰ぎ、ＩＭＦの主導で本格的な構造改革に着手するようになった。構造改革の柱は、①公共投資削減・公務員給与の抑制など緊縮財政による財政再建、②巨額に上る国営銀行の不良債権処理、③非効率な国有企業の民営化推進だ。日本の小泉内閣と同じような構造改革を実施したというわけだ。

痛みを伴う一連の構造改革が奏功し、財政収支は03年以降急激な改善を示すようになる。01

年には50%を超えていたインフレ率も、通貨価値の下落に歯止めがかかったことなどから落ち着きを取り戻しつつある。

高インフレが収束してきたことから、05年1月には将来のEU加盟の布石としてデノミネーション(通貨の呼称単位の変更)を実施、従来の100万リラを新1リラとした。

過去、トルコ経済は南米の大国ブラジルと同様「景気がよくなる↓高インフレが発生する↓金融引き締めを実施する↓景気が失速する」というパターンを繰り返してきたため、高成長が長続きしなかった。

しかし、一連の構造改革の成果を受けて、慢性的なインフレ体質は改善しており、景気拡大が持続しやすくなってきている。このままマクロ経済が軌道に乗れば、国際経済におけるトルコ経済の地位は大きく向上する可能性が高いといえるだろう。

中長期的な視点からみて、トルコ経済の高成長を支える要因として人口の増加とEUへの加盟を挙げることができる。

高い経済成長が続くなかでの人口の増加は、高度成長期の日本のように、成長に必要な労働力の供給を可能にするからだ。トルコ国民の多くはイスラム教徒だが、イスラム教の世界では、妊娠や出産を人間がコントロールすることを禁じている。このため、多産の女性が多くなっていると考えられる。

トルコの人口は現在急速な勢いで増加しており、00年から05年にかけては年率1・4%増の伸びを記録した。05年の人口規模は約7320万人で、欧州連合（EU）との比較でみると、最大の人口を抱えるドイツ（約8270万人）に次ぐ水準だ。若年人口の大幅増加によりトルコの人口は今後も高い伸びを続けることから、近い将来トルコの人口がドイツの人口を上回ることになるだろう。

国際連合の予測（中位推計）によると、2015年にはトルコの人口（約8260万人）が少子高齢化の進むドイツの人口（約8250万人）を超える。さらに、2045年には約1億20万人と1億人を突破し、ドイツ（約7950万人）との差を一段と広げていくことになる。2050年には約1億121万人と、人口減少が進む日本（約1億1220万人）と大差のない水準まで人口が増える見通しだ。

また、05年10月から始まったEU加盟交渉もトルコ経済の成長のエンジンとなるだろう。トルコは、63年に当時のEEC（欧州経済共同体）への加盟を申請して以来、42年の歳月を経てようやく交渉の舞台にたどりついた。

キプロス共和国をトルコが承認していないことや、欧州の一部がトルコからの移民流入に対して懸念《けねん》を表明していることなど、解決すべき問題は山積しており、EU加盟実現までにはかなり長い年月を要するとみられるが（現在は交渉が一時凍結）、EU加盟に向けての改革が進《しん》捗《ちょく》していけば、法制度などの透明性が増し、海外からの投資が大幅に増加、外資導入をテコにした高成長が可能になる。

すでにアラブ首長国連邦（UAE）をはじめとするペルシャ湾岸諸国はトルコへの直接投資を増加させつつある。

トヨタほか各国の自動車メーカーも進出

近年、トルコには、フォード・モーター、現代自動車など世界各国の自動車メーカーが進出するようになってきた。外資メーカーはトルコを欧州向け自動車の輸出拠点と位置づけており、人件費の安いトルコで自動車生産を大幅に増やしている。日本では、トヨタ自動車がトルコに工場を建設して、自動車の生産・輸出に力を入れている。

最近では、トヨタ自動車がトルコで増産していることを受けて、部品メーカーもトルコ戦略を強化している。

たとえば、トヨタの主力取引先であるデンソーはトルコでカーエアコンの生産を拡大する予定だ。約24億円の投資をして、トルコでの生産能力を現在の年間14万台から2010年までに25万台に増やす計画となっている。また、マルヤス工業も、主要納入先であるトヨタの増産に対応して、トルコで自動車用ブレーキ配管部品を現地生産することを検討中だ。

建設業の分野では、原油価格の高騰で潤う中東諸国で建設ラッシュが起きていることから、トルコと日本の会社がジョイント・ベンチャーの形で手を組んで、大型案件を受注している。もっとも、トルコが持続的な高成長路線にシフトするためには、インフレ以外にも解決すべき問題が山積している。最大の課題は慢性的な経常赤字の是正だろう。

トルコはＢＲＩＣｓの国々と異なり、それほど天然資源に恵まれていない。経済成長が加速すると、各種のエネルギー資源の輸入が増加し、貿易赤字・経常赤字が膨らみやすい体質となっている。06年は、経済成長に伴い各種の原材料輸入が拡大したことなどから経常赤字は３１４・６２億ドル（名目ＧＤＰ比マイナス８・０％）と巨額に上った。

経常収支を改善し、外貨を蓄積していくためには、輸出産業や観光産業の国際競争力強化を急ぐ必要がある。現状、トルコの輸出品の中心は繊維などの軽工業品だが、産業の高度化を進めて、輸出の主軸を重化学工業品やＩＴ（情報技術）関連製品にシフトさせることが望ましいといえるだろう。

世界のなかでも最も親日的な国

読者のみなさんは、トルコに親日家が多いことをご存じだろうか。たとえば、日本人が観光でトルコを訪れると、トルコの人たちは笑顔で、とても親切に接してくれる。トルコは世界のなかでも最も親日的な国家といっても過言ではない。実は、これにはいくつかの理由がある。

トルコはクリミア戦争の時代から帝政ロシアと対立していた。そうしたとき、１９０４年の日露戦争で、日本が当時最強といわれたロシアのバルチック艦隊を打ち破って勝利を収めたため、親日感情が醸成されたといわれる。実際、トルコには日露戦争で勝利を収めた日本の東郷元帥、乃木大将を尊敬する人が多い。家に彼らの写真を飾っている家族もいるぐらいだ。

また、明治時代の１８９０年9月には、オスマントルコ帝国の軍艦「エルトゥールル号」が日本に寄港した。日本を離れた直後の9月16日、「エルトゥールル号」は台風に巻き込まれて、和歌山県沖で沈没するという悲劇に見舞われた。その際、日本の地域住民が懸命の救助にあたり、69人の命が救われた。この「エルトゥールル号遭難事故」も、トルコが親日国家になった一因ではないかといわれている。日本ではこの事件を知らない人が多いのだが、トルコではほとんどの国民がこの事件を知っている。

トルコはこのときの恩義を決して忘れることなく、イラン・イラク戦争のときに恩返しをしている。１９８５年、イラン・イラク戦争の際、現地で働いていた２００名以上の日本人が脱出に遅れ、空爆のおそれのあるテヘランに取り残されてしまった。

イラクのサダム・フセイン大統領（当時）はテヘラン上空を飛ぶ航空機はすべて攻撃すると宣言し、日本の自衛隊や民間航空会社は日本人救済に動くことができなかった。しかし唯一、トルコ航空だけが撃墜される危険を冒してまで、日本人を救出してくれた。

そして、何よりもトルコの国民は、①日本が西欧諸国の植民地にならずに独立を保持したこと、②第二次世界大戦後に奇跡の高度成長を遂げて、先進国の仲間入りを果たしたことに対して深い畏敬《いけい》の念を抱いている。

これから先、日本の企業がトルコに進出していくにあたって、こうしたトルコ国民の親日感情はプラスの影響を及ぼすに違いない。

テロ続発で貴重な観光収入が低迷

トルコは、世界有数の観光立国として知られており、観光収入が名目ＧＤＰ（国内総生産）に占める割合は5％にも達する（05年）。日本の観光収入はトルコの7割程度、名目ＧＤＰに占める割合では０・３％程度にすぎない（05年）。

トルコ統計局の資料によって、これまでのトルコの観光収入の推移をみると、年々増加傾向を辿ってきたことがわかる。05年の観光収入は過去最高となる１８１・５億ドルに達した。

トルコは昔から観光資源が非常に豊富で、ユネスコの世界遺産に登録されている文化遺産や複合遺産（文化遺産と自然遺産の両方の価値を兼ね備えた遺産）も多く存在する。文化遺産としては、トロイの遺跡（98年文化遺産登録）、イスタンブールの歴史地域（85年文化遺産登録）、クサントス・レトーン（88年文化遺産登録）などが有名であり、複合遺産としては、ギョレメ国立公園およびカッパドキアの岩石遺跡群（85年複合遺産登録）やトルコ西部にあるヒエラポリス－パムッカレ（88年複合遺産登録）が有名だ。

製造業の国際競争力がまだそれほど強くないトルコでは、貿易収支が輸入超過に陥りやすく、観光収入や観光に伴う輸送収入が外貨蓄積や経常収支赤字をファイナンスする重要な手段となっている。

これまでの観光収入や輸送収入の増加によって、トルコの外貨準備高は大幅に拡大しており、08年2月時点では1088・4億ドルにも達する。95年末時点と比べると約4・7倍の規模に膨らんだ。

トルコ政府が観光資源の開発や観光産業の育成に力を入れていることもあって、観光収入額はこれまで大幅に拡大してきたが、直近の06年は前年比7・2％減の168・5億ドルと低迷した。

06年の観光収入の内訳をみると、国内景気が好調に推移していることから国内観光収入は増加したのだが、外国からの観光収入は06年後半以降、通貨リラが他国の通貨に対して上昇したこともあって伸び悩んだ。外国人観光客からの観光収入が前年比9・9％減の125・5億ドル、国内観光客からの観光収入については1・7％増の43億ドルとなった。

外国からの観光収入が伸び悩んだ背景には、トルコの治安が悪化していたという事情もある。トルコでは、06年の前半に、分離独立を求めるクルド人の武装勢力によるテロ事件が相次いで発生した。最大の経済都市イスタンブールにおいても、爆弾テロなどが起きている。06年8月27日から28日にかけても、イスタンブールと南西部のマルマリスとアンタリヤで、クルド人武装勢力による爆弾テロ事件が発生した。トルコの治安部隊は相次ぐテロ事件を受けて警戒体制を強化している。

今後については、トルコのマクロ経済が好調に推移すると見込まれるうえ、為替レートも安定的に推移、治安も安定するとみられることから、観光収入は再び増加傾向で推移することになるだろう。

トルコは、日本人観光客の呼び込みにも積極的で、将来的には年間10万人程度の日本人観光客を50万人にまで増やすことを目標として掲げている。

トルコ経済を牛耳る財閥系巨大企業

トルコの経済界では、財閥系の大企業が強い影響力を持っている。

トルコで最大の財閥がサバンジュ財閥だ。サバンジュ財閥は、サバンジュ・ホールディングという持ち株会社を頂点とした巨大企業グループで、その傘下には70もの会社がある。また、現在10社の外国企業と合弁事業を展開している。

サバンジュ・グループ全体の従業員数は、5万2000人にも上る。06年の売上高は121億ドル、業務純利益は3億5100万ドルだ。

サバンジュ財閥の事業領域は、金融、繊維、素材、自動車、セメント、小売、エネルギーなど幅広い分野にわたっている。民間金融機関で業界第1位の「AKBANK」もサバンジュ・グループの企業だ。

外国企業との合弁事業では、自動車産業において、日本のトヨタ自動車との合弁による「トヨタ・サ」という会社がある。

サバンジュ・グループの合弁企業には、企業名の最後にサバンジュを意味するサ（SA）がつく。「トヨタ・サ」は、00年にトヨタ自動車（25％）、三井物産（10％）、サバンジュ・ホールディング（65％）、という出資比率で設立された。

また小売業界では、フランスのカルフールとの合弁による「カルフール・サ」という会社がある。同社は96年に誕生した。

サバンジュ・グループと提携している外国企業は、いずれも業界のトップを走る企業群である。

トルコ国内で第2位の財閥がコチ財閥だ。

先ほど紹介したサバンジュ財閥と同様に、コチ財閥もコチ・ホールディングという持ち株会社を頂点とした企業グループを形成している。

コチ・ホールディングは1926年に設立された。グループ企業は111社に上り、そのうち19社がイスタンブール証券取引所に上場している。コチ・グループに属する有名な企業としては、自動車のフォード・オトサンやトファシュ・フィアットなどが挙げられる。ギョルチュクに工場を持つフォード・オトサンは米国のフォードとの合弁企業、トファシュ・フィアットはイタリアのフィアット社との合弁企業だ。

トルコでは、96年の欧州連合（EU）関税同盟入りに伴い、EUとの自動車輸出入の関税が撤廃されており、フォード・オトサンやトファシュ・フィアットの自動車は欧州向けにたくさん輸出されている。

そのほかにもゾール財閥やオヤック財閥といった企業グループがある。

ゾール財閥は、持ち株会社のゾール・ホールディングを頂点とする新興の財閥グループだ。ゾール財閥は繊維産業から発展し、現在では広く事業の多角化を進めている。

一方、オヤック財閥は、61年3月1日に設立された。オヤックは、退役した軍人の年金運用を目的として設立されたファンド組織だ。

現在、オヤック・ファンドのメンバーは、22万7000人にも上る。オヤックはファンドの設立以来、経営の多角化を進めており、様々な業種で経済活動を行っている。現在オヤック財閥の傘下にある企業は60社以上に上る。代表的な企業としては、銀行のオヤック・バンク、保険のアクサ・オヤック、素材のオヤック・エナジー、自動車産業のオヤック・ルノーなどが挙げられる。

オヤック・ルノーは、オヤックとフランスの自動車メーカー、ルノーが合弁で設立した会社だ。

オヤック財閥は、05年10月に行われた公開入札で、トルコ最大の鉄鋼メーカーであるエルデミール社を買収することに成功した。

スカーフ着用は政教分離に反するのか

現在、トルコでは政局が不安定となっている。とくに07年に実施された大統領選挙では、大きな波乱があった。それまでのトルコ大統領はセゼル氏だったのだが、同氏の任期切れに伴って07年4月末に大統領選挙が実施された。

この大統領選挙が大きな問題に発展したのは、大統領に立候補したアブドラ・ギュル外相が与党のイスラム系政党「公正発展党」（AKP）に所属していたからだ。

トルコは1923年の建国以来、「政教分離」を大原則としているため、イスラム色の強いギュル氏が大統領になれば、「政教分離」の原則が脅かされるのではないかとの懸念が強まったのである。

07年4月29日にはイスタンブールで政教分離を支持する人たちの大規模なデモが起こり、その後も各地で大規模なデモが繰り返されるようになった。政教分離の監視役ともいえる軍部も、ギュル氏の大統領就任に対して懸念を表明した。トルコ共和国の建国の父、ケマル・パシャ（アタチュルク）は近代化された軍部の出身であり、彼がトルコの「政教分離」の原則を確立した。現在のトルコ軍は、基本的にこのアタチュルクの理念を踏襲《とうしゅう》しており、そのために共和国の大原則である「政教分離」を死守しようと躍起になったのである。

結局、07年4月末に行われた大統領選挙は、野党がボイコットしたため、選挙そのものが無効となった。世俗主義との対立が深まって政局が混乱するなかで、ＡＫＰは07年7月、解散総選挙に踏み切った。総選挙の結果、ＡＫＰが圧勝して第一党となり（定数５５０議席のうち３４１議席を獲得）、ＡＫＰは再びギュル氏を大統領候補に擁立した。

第1回投票、第2回投票では、国会で3分の2の賛成をとりつけなければならず、3分の2の得票に届かなかったギュル氏は大統領に就任できずにいたが、07年8月末に実施された第3回投票では、当選の要件が過半数に緩和されるため、国会で過半数を占めるＡＫＰの票により、ギュル氏が建国以来初のイスラム系の大統領に就任することが決まったのである。ＡＫＰやギュル氏は、自分たちが政治的に中道保守で、イスラム主義には偏っていないと主張している。

トルコでは、ギュル氏が大統領に就任してからも、「政教分離」をめぐって様々な問題が噴出している。

与党のAKPは、ムスリムの女子学生がスカーフを着用して大学に通学することを認める憲法改正案を国会に提出し、08年2月9日の国会で憲法改正案が賛成多数で可決された。

しかし、この憲法改正に対して「政教分離」を唱える世俗派や軍部、教育関係者は、スカーフの着用はイスラム主義の押し付けであるとして猛反対をしているのだ。こうしたなか、検察当局は、AKPがトルコの国是である「政教分離」を侵しているとして、与党の政治活動の閉鎖を求めて訴訟を起こした。

オイルマネーも注目するトルコ金融市場

近年、ムスリムの多いトルコでは、国を挙げて「イスラム金融」を振興しようという動きが広がりつつある。

「イスラム金融」には、様々なタイプの金融取引システムが存在するが、トルコで発達しているのは「イスラム銀行」である。トルコの「イスラム銀行」は、トルコ国内で、パーティシペーション・バンク（Participation Banks）と呼ばれている。

パーティシペーション・バンクは、85年に初めて開設され、それ以降、トルコ国内で徐々に浸透していった。トルコは00年から01年にかけて2度の金融危機に見舞われたが、その際には、パーティシペーション・バンクも大きな打撃を受け、一部の銀行は倒産している。

金融危機が発生してから、トルコはＩＭＦ（国際通貨基金）の指導のもと、①財政再建、②不良債権処理、③国営企業の民営化、を柱とする一連の「構造改革」に取り組むようになった。その結果、経済は持ち直し、パーティシペーション・バンクを含めて金融システムの健全化も進むようになった。トルコの金融機関が抱える不良債権比率（貸出残高に占める不良債権の割合）は02年の12・7％から06年には3・2％まで低下した。

現在、トルコのパーティシペーション・バンクは、アルバラカ・トルコ・パーティシペーション・バンクをはじめとして4行が存在する。これらのイスラム銀行は、ＧＣＣ（湾岸協力会議）諸国からの出資によって設立されたものだ。たとえば、アルバラカ・トルコ・パーティシペーション・バンクは、バーレーンのアルバラカ・バンキング・グループの出資によって設立された。

トルコのパーティシペーション・バンクの支店は毎年50店舗程度のスピードで増加しており、06年9月時点での支店数は３４０店に上る。パーティシペーション・バンクの資産規模は、現在１２８億６９００万ドル程度となっているが、今後10年で２５０億ドルにまで拡大する見通しだ。その場合、トルコの銀行全体に占めるパーティシペーション・バンクの資産の割合は現在の3・14％から10％に達する（図表20）。

また、トルコ政府は、将来的に、イスラム金融債（スクーク）を発行することも検討している。

GCC諸国も、ムスリムが多く経済が好調に推移しているトルコの金融市場に注目しており、投資マネーをトルコに振り向ける動きが広がりつつある。たとえば、UAEのドバイ首長国が08年1月に新たに設立したイスラム銀行「ヌール・イスラミック・バンク」は、有力進出先のひとつとしてトルコを挙げている。

サブプライムローン（低所得層向けの住宅融資）問題の深刻化に伴うリスク許容度の低下によって、先進国の投資マネーが新興国から引き揚げられるなか、今後は原油高で潤うオイルマネーがどこまで新興国に流入してくるかが、新興国の株式市場の好不調のカギを握る。「イスラム金融」を振興するトルコは、オイルマネーの有力な受け皿として資金流入が期待できるといえよう。

レバノン経済復興の鍵を握るイスラム金融

中東のレバノン共和国は、70年代前半までは経済が好調に推移し、中東諸国のビジネス・金

図表20 トルコのイスラム銀行が銀行部門に占める割合
（資産ベース）

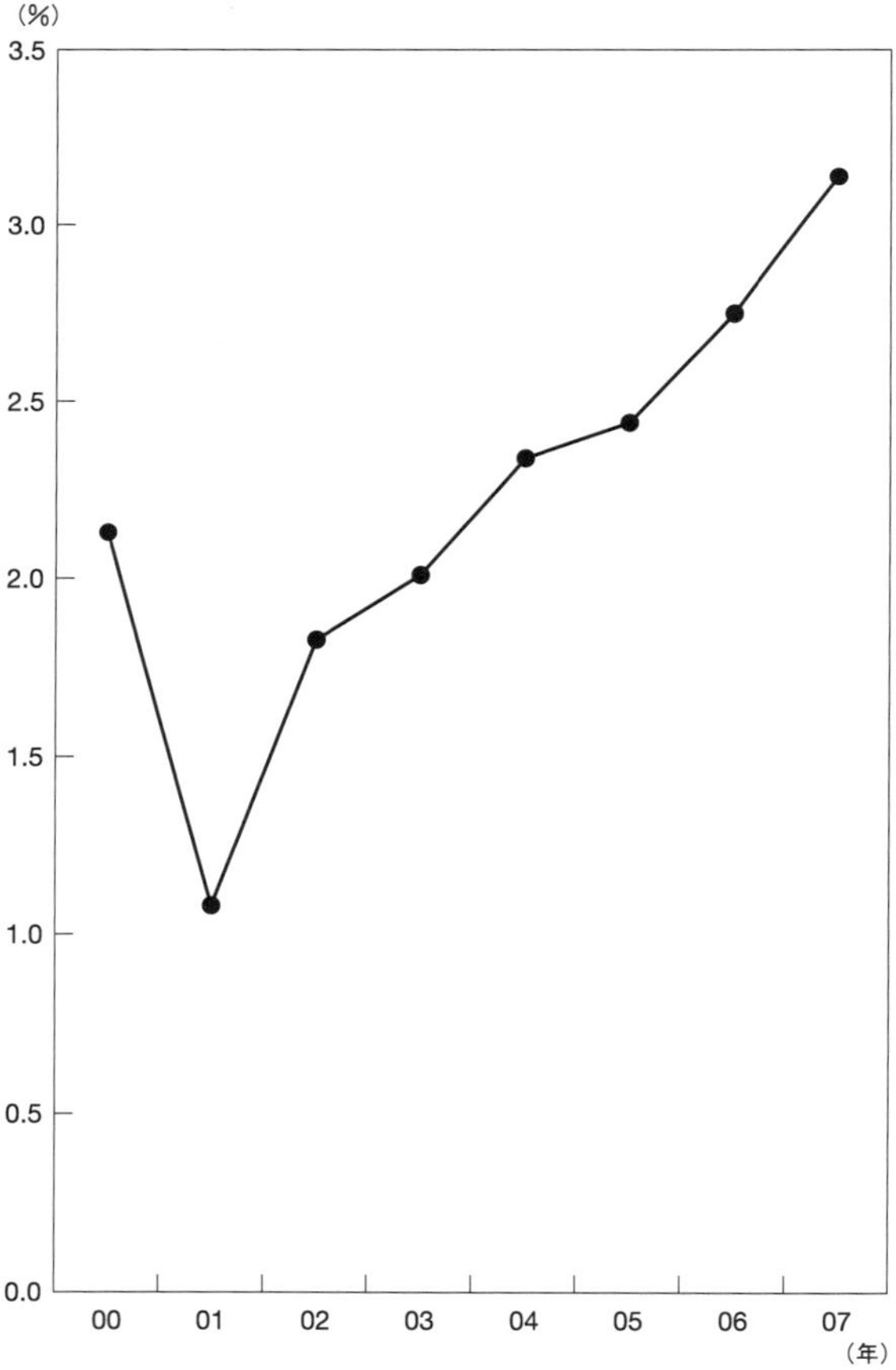

（出所）トルコ中央銀行資料
（注）07年は6月末時点、その他の年は年末時点

融センターとして機能していた。

首都のベイルートは、かつて「中東のパリ」と呼ばれ、欧米諸国から多数の観光客が訪れていたほどである。しかし、75年に内戦が始まってからは、経済の低迷を余儀なくされるようになった。内戦は、ムスリム（イスラム教徒）とキリスト教徒との衝突がきっかけとなって始まったものである。この内戦は泥沼化の様相を呈して25年間も続き、90年にようやく終結した。

現在、レバノンでは経済の復興が進められているが、長年の内戦や06年のイスラエルとの戦闘などによる被害は甚大で、06年の実質経済成長率はゼロ％となり、07年も前年比2・0％増にとどまった。レバノン経済が完全復活してかつての繁栄を取り戻すまでには、かなりの時間を要するとみられる。

レバノン経済の復興を妨げているのが巨額の対外債務残高である。レバノンが抱える対外債務残高は410億ドルに達し、GDP（国内総生産）の2倍近くに上る。もはや、レバノン一カ国の力では債務返済ができないことから、国際社会がレバノンに経済支援の手を差しのべている。07年1月には、レバノン復興のための支援国会議（50カ国・機関が参加）が開催され、総額76億ドルの金融支援を行うことが決まった。

レバノンには06年時点で233万人のムスリムが居住しており、総人口に対する比率は59・7％に上る。レバノンのムスリムは富裕層・ニューリッチ層が多いといわれ、シャリーア（イスラム法）の教えに従った「イスラム金融」に対するニーズは根強い。これを受けて、レバノン政府は、04年2月の国会において、中央銀行（レバノン銀行）の管理のもと、レバノン国内にイスラム銀行の設立を認める法案を可決した。

現在、レバノン国内では中央銀行から認可を受けた4つのイスラム銀行（レバノン・イスラム銀行、アラブ・ファイナンス・ハウス、ブロム・イスラム銀行、アルバラカ銀行）が営業活動を行っている。

4つの銀行のうち、アラブ・ファイナンス・ハウスが、レバノン国内で最大のイスラム銀行となっている。同行の資本金は6000万ドルに達し、将来的には資本金を1億ドルまで増強することを目標としている。一方、レバノン・イスラム銀行はレバノン銀行から最初に営業許可を取得したイスラム銀行である。また、ブロム・イスラム銀行は、レバノン最大の一般銀行ブロム・バンクが開設したイスラム銀行である。アルバラカ銀行はバーレーンのアルバラカ・バンキング・グループがレバノンに開設した拠点だ。

レバノンのイスラム銀行には、サウジアラビアやUAE、クウェート、バーレーンなど周辺に位置する湾岸諸国のオイルマネーもかなりの規模で流入している。

レバノン政府は、今後3〜5年間に、イスラム銀行の資産規模が国内金融機関の資産残高に占める割合を、5〜10%程度まで引き上げることを目標に掲げている。

ムスリムのタンス預金に期待、ナイジェリア

西アフリカに位置するナイジェリア連邦共和国には、06年時点で6525万人のムスリムが居住しており、ムスリム人口が総人口の半分を占める。残りの半分の人口がキリスト教徒となっている。ムスリムは北部地域に多く、キリスト教徒は南部地域に多い。

ナイジェリアは1960年に英国から独立して以来、民族（250以上の民族からなる）や宗教の対立が激しく、ナイジェリアに進出する外国企業にとっても、不安定な政治・治安が大きな障害となっていた。

06年2月には、ムスリムとキリスト教徒の大規模な衝突事件が発生した。2月18日、預言者ムハンマドの風刺漫画に抗議するデモに参加していたムスリムが、キリスト教徒を襲撃したのを発端にして、各地でムスリムとキリスト教徒の衝突が発生、多数の死者が出るという事態になった。

07年には大統領選挙が行われ、オバサンジョ大統領（当時）が後継者として指名した与党・国民民主党のヤラドゥア氏が当選した。ヤラドゥア氏は北部出身のムスリムであり、その政治手腕は高く評価されている。

ＯＰＥＣ（石油輸出国機構）加盟国にもなっているナイジェリアは、石油や天然ガスといっ

た資源関連の産業だけが発達しているというイメージが強いが、近年では、銀行や保険などの金融セクターも急成長している。

ナイジェリアの金融セクターが急成長している背景には、政府が国営企業の民営化を進めて経営の効率化が進んでいること、規制緩和を進めて競争が促進されていることなどが挙げられる。

ただ、金融セクターは急成長するようになったものの、ムスリムを対象とした「イスラム金融」はあまり発達していない。

このため人口の半分を占める敬虔なムスリムの多くは、一般銀行に預金をせず、タンス預金などのかたちで資産を保有している。ナイジェリアでは、約19・5億ドルのムスリム資金が金融機関以外のところで退蔵されているともいわれる。

ムスリムの「イスラム金融」に対する需要が根強いことから、ナイジェリア政府は「イスラム金融」の本格的な導入を検討するようになった。ムスリムの人口規模や人口増加のスピードなどを勘案すると、ナイジェリアにおける「イスラム金融」の潜在的なリテール（小口金融）市場の規模は非常に大きいといえる。

ナイジェリアは、金融セクターを含めて外国企業がナイジェリアに進出する際の規制を設けていないため、今後は、ナイジェリアの潜在的な「イスラム金融」市場を狙って、中東諸国のイスラム銀行がナイジェリアに進出する動きが加速してくると予想される。

政府系ファンドもイスラム銀行を設立、クウェート

ＧＣＣ（湾岸協力会議）の一角を占めるクウェートは、バーレーンやＵＡＥ（アラブ首長国連邦）と並んで、中東諸国のなかでも「イスラム金融」が非常に発達している国のひとつに数えられる。「イスラム金融」の先進国といっても過言ではない。

クウェートで「イスラム金融」が発達している背景として、約２７０万人の国民すべてがムスリムであるため、もともと金利の取引を伴わない「イスラム金融」への需要が根強くあったということが挙げられる。しかも、近年の原油価格高騰によるオイルマネーの流入で経済が潤っていることから、１人あたりのＧＤＰ（国内総生産）は３万２２５９ドルにも達する。富裕層のボリュームが厚いので、「イスラム金融」の分野に多額の個人マネーが流入しているのだ。

２０００年代初頭まで、クウェートには、イスラム銀行が１行（クウェート・ファイナンス・ハウス）しかなかったのだが、クウェート中央銀行は、03年、「シャリーア（イスラム法）」に基づく新たなイスラム金融機関の設置を認める法改正を行った。

現在では、国内に12のイスラム銀行が設立されているほか、２つのイスラム保険会社が存在する。最近では一般銀行も「イスラミック・ウィンドウ」を開設するなどして、急成長を続け

る「イスラム金融」の分野に参入しようとしている。

さらにクウェートのイスラム銀行は、トルコやマレーシアに拠点を設けるなど、アジア地域に進出することによるグローバルな展開を目指している。07年には、マレーシアの現地法人「クウェート・ファイナンス・ハウス・マレーシア」が「イスラム金融」を活用した不動産投資ファンドを設立した。

今後、クウェートのイスラム金融機関は、「イスラム金融」の振興に力を入れ始めたインドネシアなどにも拠点網を広げていく予定だ。

また、クウェートには「シャリーア適格銘柄」となる上場企業が多いため（株式市場に上場している企業の半分がシャリーア適格）、それらに特化して投資を行うイスラム投資ファンドも多数設定されている。

なお、クウェートには、クウェート投資庁（ＫＩＡ）という巨大な政府系ファンドが存在する。クウェート投資庁の07年の運用資産額は、２１３０億ドルに達し、世界の政府系ファンドで第5位となっている。クウェート国内には、クウェート投資庁が設立したイスラム銀行もある。

クウェート投資庁は、資産の運用先の多角化を図っており、「イスラム金融」を振興する地域にも相当量の投資マネーが流入することが期待されている。クウェート投資庁は中長期的な運用計画で新興国への投資を増やすとしている。また、現在2130億ドルの運用資産を今後10年で2倍にする予定だ。残念ながら、日本への投資比率については、当面は低いままにとどめる方針ということだ。

全方位等距離外交で安定成長するヨルダン

ヨルダン・ハシェミット王国は、パレスチナ情勢（パレスチナの土地をめぐるイスラエルとパレスチナ自治区の対立）が緊迫化するなかにあっても、経済が比較的安定しており、06年の実質経済成長率は前年比6・4％増の高い伸びを記録した。

ヨルダンの経済が安定しているのは、アラブ諸国との関係を強化する傍ら、94年にイスラエルと国交を樹立するなど、いわゆる「全方位等距離外交」を進めているためだ。ヨルダンは、パレスチナ紛争において、イスラエルとパレスチナ、どちら側の味方にもつかずに、中東和平の仲介的な役割を果たしている。

ヨルダンは、経済面においても、早い段階から改革開放路線を打ち出しており、WTO（世界貿易機関）に加盟しているほか、米国とFTA（自由貿易協定）も締結している。

金融セクターの規制緩和も進んでおり、規制緩和の効果によって、銀行や保険などの分野で外国企業のヨルダンへの進出が相次いでいる。また外資系金融機関の金融ノウハウを吸収するかたちで、ヨルダンの金融機関の国際競争力も高まっている。

ヨルダンのムスリム人口は、06年時点で526万人となっており、総人口の94%を占める。国民のほとんどが敬虔なムスリムで、金利の取引を伴わない「イスラム金融」へのニーズが強いことから、ヨルダンは国を挙げて「イスラム金融」の振興に力を入れている。

ヨルダンは、一般銀行とイスラム銀行が並存する金融システムを採用している。

現在、ヨルダンには2つのイスラム銀行が存在する。ひとつが「ヨルダン・イスラム銀行」で、もうひとつが、「イスラミック・インターナショナル・アラブ・バンク」である。ヨルダン・イスラム銀行は79年9月に設立された長い歴史のあるイスラム銀行である。同行は、「ムラーバハ」や「ムダーラバ」、「ムシャーラカ」といった「イスラム金融」の手法を駆使して、様々なプロジェクトに投資を行っており、ヨルダンの経済成長に多大な貢献をしている。

一方、「イスラミック・インターナショナル・アラブ・バンク」は97年3月に設立された比較的新しいイスラム銀行である。同行は、顧客への金融サービスを拡充することによって業容の拡大を狙っている。

そのほか、ヨルダンにはイスラム保険の会社と、イスラミック・ウィンドウが1社ずつ存在する。

社会主義国家もイスラム金融を認可、シリア

中東のシリア・アラブ共和国は1946年にフランスの支配から独立した。シリアは社会主義の国家であるが、経済については中国やベトナムと同様に、市場原理を積極的に導入している。経済制裁を受けているイランとの関係が深いことなどから、シリアは政治的には周辺のアラブ諸国から孤立した状態となっているが、経済面ではアラブ諸国から多額の投資マネーが流入しており、それによって高い経済成長を実現している。

国内に1755万人ものムスリム（総人口に対する比率では90・0％）を抱えるシリアでは、最近になって「イスラム金融」を振興する動きが加速している。

シリアでは、63年にバース党政権が発足してから、国営の銀行のみが営業活動を行っていたのだが、02年に金融改革が実施され、民間銀行の設立と外資の金融部門への参入が認められることになった。ただし、この金融改革には「イスラム金融」の認可は含まれておらず、金融改革後は、基本的に欧米や日本と同じ金融システムを採用していた。

しかし、周辺のイスラム諸国が「イスラム金融」を積極的に活用して、高い経済成長につなげていることから、シリアでも「イスラム金融」の手法を導入すべきとの声が高まるようになった。こうした動きを受けて、シリア政府も規制緩和に乗り出し、05年、ついに国内にイスラム銀行の設立を認める法改正を実施した。

法改正後、複数のイスラム銀行が設立の申請をするようになり、現在では、2つのイスラム銀行が営業活動を行っている。

そのひとつがクウェートの金融機関から出資を受けた「アルシャム・イスラミック・バンク」で、もうひとつがカタールの金融機関から出資を受けた「シリア・インターナショナル・バンク」である。

これまでのところ、シリアのイスラム銀行に対する外資系金融機関の出資比率の上限は49％に限られているが（一般銀行も同じ基準になっている）、今後は、出資比率の上限を引き上げていく予定だ。

3911万人のムスリムを抱える中国

一般にはあまり知られていないが、実は中国本土にもたくさんのイスラム教徒が居住する。06年時点におけるムスリムの総数は3911万人に上り、総人口に対する比率では3・0％となっている。

中国政府は、1955年、北西部に新疆《しんきょう》ウイグル自治区を設置しており、その自治区内にウイグル、カザフ、キルギスといったイスラム教を信仰する民族の多くが暮らしている。「新疆」というのは「新しい辺境」という意味だ。

しかし、新疆ウイグル自治区のイスラム教徒は、中国当局によって宗教上の活動を制限されており、イスラム教徒の五大義務のひとつとされる聖地メッカへの巡礼もままならない。

これは、中国政府がイスラム教徒に対して厳しい渡航制限を設けているためだ（旅券申請できるのは平均年収の10倍の貯金を1年以上維持している者など）。

新疆ウイグル自治区のイスラム教徒約９００万人のうちメッカへの巡礼ができるのは年間わずか３０００人程度にすぎない。このため、公安当局の目を逃れて、こっそりメッカへの巡礼に出かける人も多いといわれる。

新疆ウイグル自治区では、ウイグル族のグループが中国の漢族による支配に不満を募らせており、「東トルキスタン」を名乗り、イスラム国家の樹立を目指して長い間、分離・独立運動を繰り広げている。

中国の憲法は信仰の自由を認めており、また07年10月に北京で開催された中国共産党第17回党大会では「政党、民族、宗教の調和」が確認されたが、現実には宗教活動を自由に行うことはできない。表向きは宗教活動の自由を認めているが、中国共産党が厳格に管理をしているというのが実情である。実際、米国の国務省が07年9月にまとめた年次報告書では、宗教の自由を認めていない、あるいは宗教活動を著しく制限している国として、北朝鮮、イラン、中国などの8カ国が挙げられている。

新疆ウイグル自治区は、石油や石炭などの天然資源が豊富で、また中国政府が打ち出した「西部大開発」（内陸部地域に重点的に投資をして経済発展を促す政策）の恩恵を受けるかたちで高い経済成長を続けているが、前述のとおりイスラム教に対する管理が厳しいため、新疆ウイグル自治区が「イスラム金融」を積極的に活用して、それを経済発展につなげていく流れが生じる可能性は小さいと考えられる。

イスラム国家ソマリアの内戦が各国に及ぼす影響

近年、世界各地の沖合で、船舶が海賊に襲撃される事件が多発している。たとえば、国際海事局（ＩＭＢ）海賊情報センターが発表した統計によると、07年に発生した海賊事件（未遂を含む）は２６３件に達し、06年（２３９件）に比べて24件も増えた。日本の船舶が被害に遭うケースも増えており、07年は10件となった（06年は8件）。

銃で武装した海賊の割合が増えるなど、海賊事件は年々凶悪化する傾向にあり、船舶の乗組員が殺されたり、行方不明になることも少なくない。被害届を出さないケースもあることから、実際の海賊事件は統計に表れた数字よりもさらに多いものとみられる。

海賊は、身代金目当てに各国の船舶を襲っており、手に入れた巨額の身代金を元手にして、まっとうなビジネスを始めることも多い。

これまで海賊事件の主な発生場所は、東南アジアのマラッカ海峡が圧倒的に多かったが、最近では、関係各国の協力で警備体制が強化されているほか、マラッカ海峡を通過する船舶が通信システムを搭載するようになったことから、同海域での海賊事件の発生は減少している。マラッカ海峡に代わって海賊事件が多発するようになったのが、治安の悪いナイジェリアやソマリアといったアフリカの海域である。最近では、とくにソマリア周辺部で海賊事件が多発しており、07年に同海域で発生した海賊事件は前年に比べて約3倍に膨らんだ。

07年10月28日には、ソマリアの沖合で日本企業が所有するケミカルタンカー「ゴールデン・ノリ」が海賊に乗っ取られるという事件が発生、海賊側は、身代金として100万ドルの支払いを要求した。12月12日に、海賊はタンカーから撤去し、乗組員22人を解放したが、身代金が海賊側に支払われたかどうかは不明だ。また、「ゴールデン・ノリ」が海賊に乗っ取られた事件の直後には、北朝鮮の船舶もソマリア沖で海賊に襲われている。

では、なぜソマリアで海賊事件が多発するのか。ソマリアの沖合では80年代頃から海賊が出没していたが、ソマリアが無政府状態となった91年以降、海賊事件が多発するようになった。ソマリアの暫定政府は脆弱で、海賊を制圧するだけの力を持っておらず、これが海賊の勢力拡大につながっている。ソマリアの海賊が身代金などで1年間に獲得する収益は1億ドルに上るともいわれる。また、ソマリアの沖合では密漁事件も増えているという。

ソマリアに出現する海賊は、手に入れた身代金で武器を購入し、これをアルカイーダなどの国際テロ組織に流すといった行為も行っている。

ソマリアはイスラム教の国家で、国内に居住する890万の人口すべてがムスリムだ。そして、ソマリアが内戦状態にあるため、ソマリア国内に居住していたムスリムは、難民や移民として、英国などに出て行くようになっている。

ソマリアやパキスタンなどからたくさんの移民が流入しているため、英国のムスリム人口は増加傾向にあり、その結果、英国国内で「イスラム金融」へのニーズが高まるという流れになっている。

コラム

初の女性議員誕生か？

イスラム社会では、伝統的に「男尊女卑」や「絶対的家父長制」の考え方が深く浸透しています。これはイスラム教の聖典「コーラン」の価値観を継承しているためです。ですから、イスラム諸国が民主化を進めていくにあたっては、女性の社会的地位の向上が重要な課題となります。

最近では少しずつ女性の地位向上に向けた動きが出てくるようになってきました。たとえば、湾岸諸国のなかでも民主化が進んでいるといわれるバーレーンでは、02年に女性参加の国政選挙が初めて実施されました。またクウェートは、国政選挙への女性の立候補と投票を認める法案を、05年5月の国民議会で決定しました。これによりクウェートでは、21歳以上の女性に参政権が与えられることになりました。06年に実施されたクウェートの総選挙では、参政権を得た28人の女性が立候補しましたが、残念ながら当選者は出ませんでした。これまでのところ中東諸国の選挙で、女性の当選例はありませんが、女性の社会的地位が向上していくにつれて、いずれは女性議員が誕生することになるとみられます。

第四章　インフラ投資にイスラムマネーを！

インフラ投資が支える、新興国の経済成長

良雄「ＢＲＩＣｓをはじめとする有力新興国の経済は、米国でサブプライムローンの焦げ付きの問題が深刻化してからも、比較的堅調に推移しているようだけど、どうしてなんだろう？」

佳子「富裕層やニューリッチ層と呼ばれる豊かな人たちがたくさん台頭して、個人消費が高い伸びになっているからではないかしら」

アブドラ「消費の拡大で、海外経済の減速の影響を受けづらくなっていることはあると思います。でも、それだけではなく、インフラストラクチャー（社会資本）関連の投資も高い伸びになっているので、インフラ投資の拡大が経済成長を支えている側面もあると思います」

佳子「インフラ投資って、どんな投資のこと？」

アブドラ「はい、鉄道建設とか道路、空港、港湾建設とか電力、上下水道の整備などがインフラ投資に入ります」

アブドラ「通常、こうしたインフラ投資には巨額の財政資金が必要になるのですが、新興国のなかには、インフラ投資を進めるにあたって『イスラム金融』を活用しようといっ

た動きも出てくるようになりました。具体的には、各国がインフラ整備を進めるにあたって、『プロジェクト・ファイナンス』の分野で『イスラム金融』が活用される可能性が高いのです」

佳子「え？『プロジェクト・ファイナンス』ってなあに？」

アブドラ「『プロジェクト・ファイナンス』というのは、金融機関が企業に直接おカネを融資するのではなくて、企業が行うインフラ投資などの事業（プロジェクト）におカネを融資することを指します。金融機関が企業に直接おカネを融資する際には、企業が所有する不動産などが担保になりますが、『プロジェクト・ファイナンス』では、企業が行う事業の予想収益が担保になります。『プロジェクト・ファイナンス』は、資本主義の国々で活用されるケースが増えていますが、『イスラム金融』の考え方にも一致するため、『プロジェクト・ファイナンス』に『イスラム金融』を組み合わせることができるのです。実際、オイルマネーで潤う中東諸国ではインフラ投資が積極的に進められていますが、これらのインフラ投資には『イスラム金融』を使った『プロジェクト・ファイナンス』が積極的に活用され始めています」

良雄「『イスラム金融』で集められたお金をインフラ投資に使うのであれば、個人投資家が出資したおカネがまさに社会に役立つことに使われるわけだから、とても良いことなのではないかなあ」

佳子「最近では、新興国の投資信託（ファンド）でも、インフラ投資をテーマにした商品が出てきているみたいよ」

アブドラ「中東諸国の政府系ファンドは、オイルマネーを、こうした有力新興国のインフラ整備に積極的に投資しようとしています」

そこで、最後の第四章では、新興国のインフラ投資の動向と、インフラ投資に「イスラム金融」が活用される可能性について考えていこう。

鉄道インフラの整備にとくに力を入れる中国

まず、ＢＲＩＣｓをはじめとする有力新興国で、インフラの投資が急拡大している様子から確認していく。

ＢＲＩＣｓ４カ国のなかでも最も高い経済成長を続ける中国は、様々なインフラ整備のなかでも、とりわけ鉄道インフラの拡張に力を入れている。

中国は、１９９０年代に入ってから鉄道輸送能力の増強を進めてきたのだが、最近では需要の拡大に輸送能力の増強が追いつかず、旅客輸送や貨物輸送に支障が出てくるようになった。

旅客輸送では、大型連休中の輸送能力が限界にきている。「春節」や「黄金節」、「国慶節」といった大型連休中には、帰省などに伴う国民の大移動で、どの鉄道路線もパンク寸前になる。また貨物輸送は、旅客輸送以上に逼迫しており、鉄道路線1キロメートルあたりの貨物輸送量は、世界平均の10倍にも達する。とくに内陸部と沿岸部をつなぐ貨物輸送路線が少ないため、内陸から沿岸部に資源を輸送するのが困難になっている。

鉄道インフラ整備の遅れにより自動車交通の利用が増えたため、都市部では慢性的な渋滞や排気ガスによる大気汚染が発生するようにもなった。

中国政府が各種の交通インフラのうち高速道路や港湾、空港の整備を優先してきたことも、鉄道インフラ整備の遅れにつながったと考えられる。

たとえば、00年から05年にかけての交通インフラの総延長の拡大を比較すると、高速道路が2・5倍、空路が1・3倍に達したのに対して、鉄道はわずか1・1倍の拡大にとどまっている。

このため、中国政府は、2003年に鉄道整備の長期計画を発表、2020年までに時速300キロ級の車両を走らせる高速鉄道の総延長を1万2000キロにするという壮大な計画を打ち出した。高速鉄道車両の発注は最終的に2000車両を超えるといわれる。

高速鉄道計画の目玉とされるのが、北京と上海を結ぶ高速鉄道の建設計画だ。同計画は、上海万博の開催に合わせて2010年に完成する予定で、約1300億元が投じられる。08年1月には同工事の起工式が行われた。

また、中国政府は第11次5カ年計画（06年から10年まで）において、鉄道インフラにかなりの資金を投入することを決定した。同計画では、今後5年間で、第10次5カ年計画（01年から05年まで）をはるかに上回る、1兆元から2兆元もの資金が鉄道インフラの整備に投入される予定だ。同計画の初年度にあたる06年には1553億元の資金が鉄道建設に使われた。

第11次5カ年計画によると、新たな路線が、総延長で1万7000キロメートル建設される（図表21）。また、在来線の複線化も8000キロメートルにわたって行われる予定だ。

こうした鉄道インフラの整備は、中央政府や地方政府が主導するかたちで進められる。日本を含めた外国企業にも協力を求めていく予定だ。

貧困対策に圧迫されるブラジルの財政

他のBRICs諸国に比べて、ブラジルのインフラ整備は遅れ気味となっている。ブラジルでインフラの整備が遅れているのは、政府が財政再建を目的とした緊縮財政政策をとっており、公共投資の予算が十分に確保できないからである。

また、ブラジルは緊縮財政政策を採用するなかにあっても、国民の所得格差の是正に力を入

図表21 中国の鉄道路線の建設（総延長）

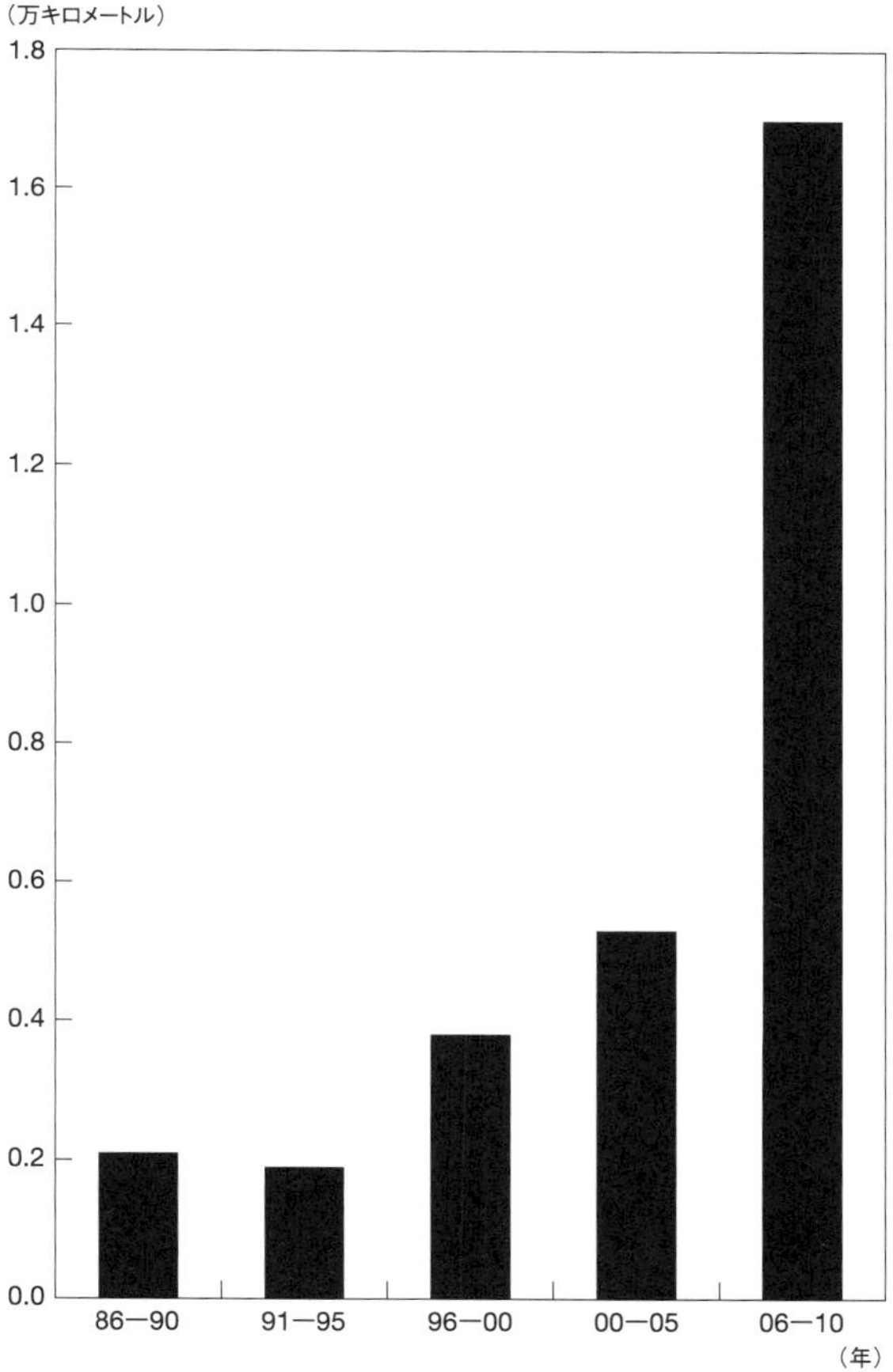

（出所）中国国家統計局資料よりBRICs経済研究所作成
（注）06年－10年は第11次5カ年計画

れており、その結果、財政収入の多くが、公共投資ではなく格差是正策に回されるという流れになっている。

ブラジルの貧困対策の柱となっているのが、「ボルサ・ファミリア」(所得移転プログラム)と呼ばれる家族手当の支給だ。

これは、貧しい家庭を対象として、子供を学校に通わせるといった一定の条件のもと、国が最低限の生活を保障する手当てを支給するというもので、月額最大95レアル(約56ドル)が支給される。

財政再建をしていくなかにあっても、貧困対策のための歳出は増加しているため、ブラジル政府の財政は相当に圧迫されている。今後も、政府が貧困対策を重視していく政策をとれば、インフラ整備に十分な財政資金が回らず、外資導入の呼び水となるインフラ整備が大幅に遅れる可能性がある。

このように財政事情が厳しく、政府が行う公共投資だけではインフラ投資が進まないため、ブラジル政府は、官民一体のPPP(Public Private Partnership)を積極活用することによって、インフラの整備を進めようとしている。

PPPというのは政府が民間に委託することによって社会資本整備を進めていくプロジェクトのことだ。ブラジルだけではなく、南米の多くの国がこの方式でインフラ整備を進めていこうとしている。委託先には、ブラジルの国内企業だけでなく、日本を含めた外国企業も多数含まれる。

現在、様々なインフラ投資プロジェクトが策定されているが、とくにブラジル政府が力を入れようとしているのが、交通インフラの整備である。地方部を中心に、ブラジルの道路整備は大幅に遅れている。

ブラジルの道路網が未発達であることは、たとえば、道路密度（道路の総延長÷国土面積）の国際比較をしてみれば明らかだ。各国の道路密度を示した図表22によると、ブラジルは世界でも相当低い水準にとどまる。既存の道路の舗装も遅れており、道路舗装率は日本の77・7％に対して、ブラジルはわずか5・5％にとどまっている。

ブラジルは、2014年のサッカー・ワールドカップ開催国に正式決定したため、今後は、PPPを積極活用することで、道路を中心とした交通インフラの整備が急ピッチで進んでいくことが予想される。

ブラジル政府は、先進国並みの道路インフラを整備するために、今後必要となる投資額が2000億レアルに達するとみている。

図表22 世界各国の道路密度の比較(2004年)

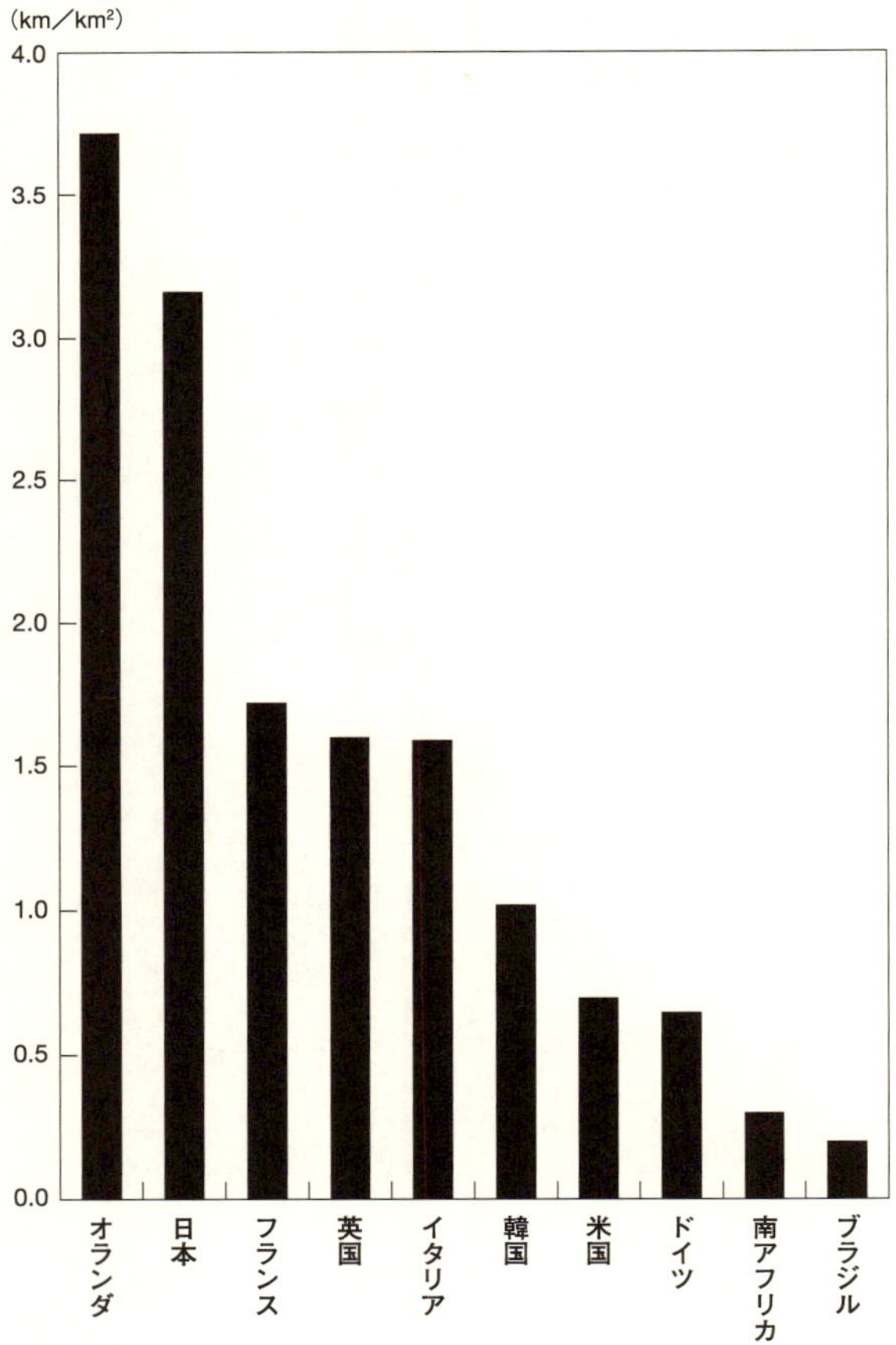

(出所)日本道路協会「世界の道路統計」

ソチ冬季五輪にかけるロシア政府の意気込み

ロシアのインフラ投資はどうだろうか。他のＢＲＩＣｓ諸国と同様、ロシアもインフラの整備に力を入れている。

ロシアのインフラ投資額は、07年に入ってから急増するようになった。たとえば、固定資産投資額（公共投資、住宅投資、企業の設備投資の合計）の伸び率をみると、06年の前年比プラス13・7％から07年には同プラス21・1％へと加速している。

各種のインフラ整備のなかでも、ロシア政府がとくに力を入れているのは、国営・市営住宅市場とそれに付随したインフラ（水道、暖房、電気）の整備である。公営住宅市場の整備・拡充は、国家目標となっており、05年末には4つの「優先的国家プロジェクト」のひとつとして「住宅建設の拡大」が承認された。

ロシアが公営住宅施設の整備を急ぐのは、旧ソ連崩壊後、経済・社会が混乱していたこともあって、住宅施設の環境整備がずっと放置されていたからだ。03年におけるロシアの国民１人あたりの住宅面積はわずか20・2平方メートルにすぎなかった。

ロシアは、２０００年代後半以降、原油価格の高騰に伴う税収の増加によって大幅な財政黒字を計上するようになり、その結果、多額の財政資金を公営住宅市場の整備に投入するようになった。

現在では、モスクワやサンクトペテルブルクといった大都市部を中心に住宅建設ラッシュが起こっている。住宅建設の拡大に伴って地価や不動産価格も上昇してくるようになった。たとえば、世界の主要都市で、03年から05年にかけての住宅価格の上昇率が最も高かったのがロシアのモスクワで、年率58・8％にも達した（不動産鑑定協会の調査）。現在も住宅価格の上昇は続いている。

また、ロシアは2014年の冬季オリンピックの開催地に決定しており、それがインフラ投資のさらなる拡大を促すと考えられる。オリンピック開催地として決定したのは、ソチという都市だ。

ソチは、ロシア南部の黒海に面した人口40万人程度の都市で、帝政ロシア、ソ連邦の時代には富裕層の保養地として利用されていた。ソチには、スターリンの別荘がサナトリウムとして保存されているほか、プーチン大統領の別荘もある。

ソチは、ソ連崩壊以降、インフラの整備が滞っており、建物や道路の老朽化が進んでいる。電力不足で停電が頻繁に発生するといった問題もある。今後は、オリンピック開催に向けて、11の競技場の建設、各種のインフラ整備が急ピッチで進められる予定だ。

ロシア政府はオリンピック関連の施設やホテル、空港、道路、鉄道、上下水道などの整備で、今後、120億ドルを投入すると発表している。これらのインフラ整備にあたっては、政府の財政だけでなく、民間の資本も積極的に活用する予定だ。

実際には最終的な開催準備費用が１７５億ドルに達するとの見方も出ており、２０１４年のソチ冬季五輪にかけるロシア政府の意気込みが感じられる。

シャリーア適格の株式銘柄が多数存在するインド

現在、インドは外国企業を誘致することを目的として、道路、鉄道、港湾、空港、発電所など各種のインフラ整備を積極的に進めている。

インドの実質インフラ投資額（官民の合計）は、00年度の1兆ルピーから06年度には２・５兆ルピーと２・５倍の規模に膨らんだ（図表23）。現在、ＧＤＰ（国内総生産）の７％から８％がインフラ投資の費用に充てられている。

高度成長期（１９５０年代から70年代）の日本でも、インフラ整備が盛んに行われたが、このときのＧＤＰに占めるインフラ投資の割合は5～7％程度であった。だから、現在のインドはちょうど日本の高度成長期と同じぐらいのスピードでインフラ投資を進めているといえる。

ＢＲＩＣｓ経済研究所の予測では、２０１０年度には実質インフラ投資額が４・４兆ルピーまで拡大する見込みだ。

様々なインフラ投資のプロジェクトが打ち出されているが、インド政府がとくに力を入れて

図表23 **インドの実質インフラ投資の推移**

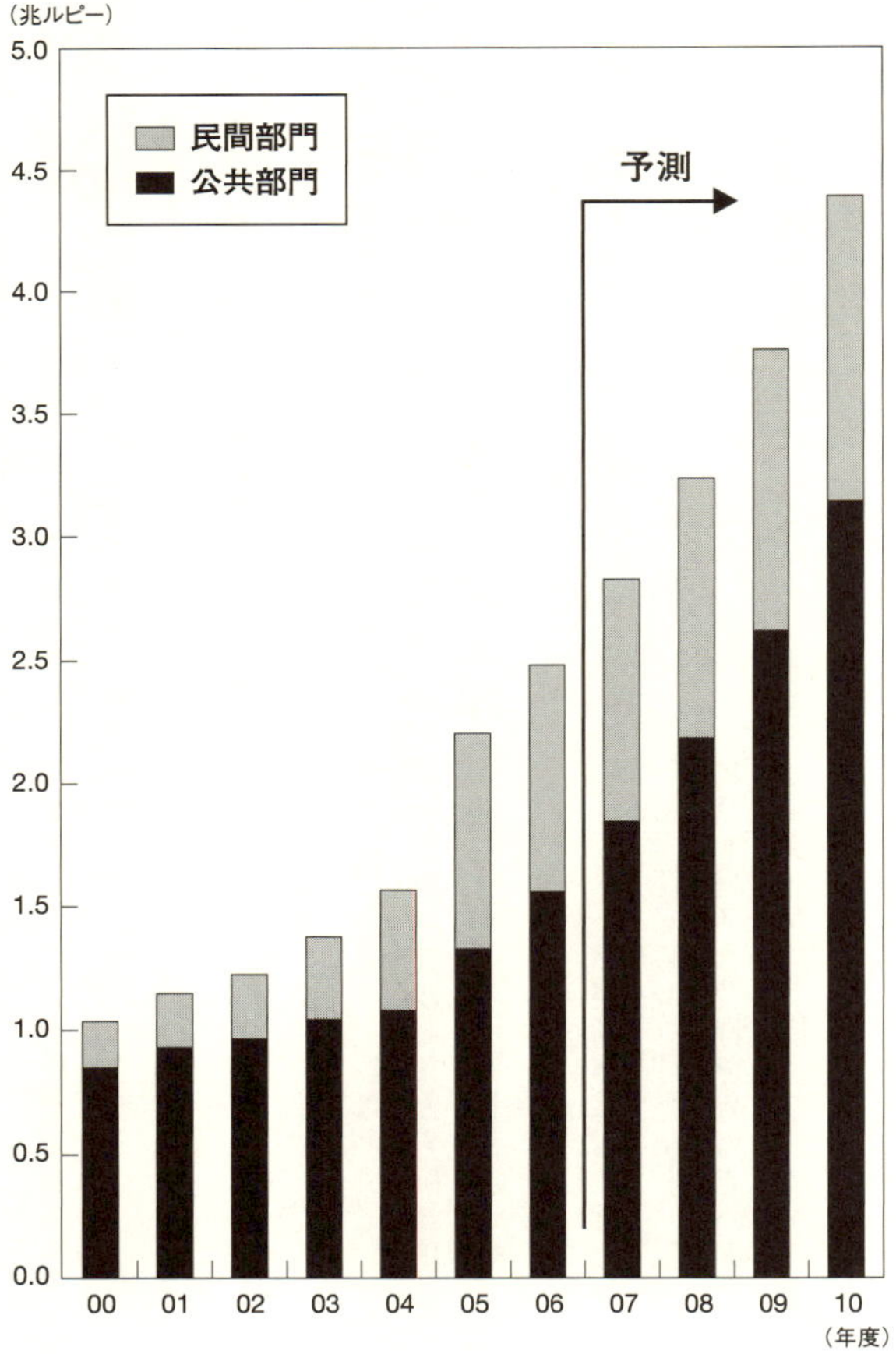

(出所)インド中央統計局資料
(注)07年度以降はBRICs経済研究所の予測値

いるのが道路や鉄道といった交通インフラの整備である。
08年度からは、日本からの円借款などを活用した「デリー・ムンバイ大動脈構想」が本格的にスタートした。これは、デリーとムンバイの区間約1500キロメートルをつなぐ高速貨物鉄道をつくり、2017年までに沿線地域を一大産業集積地にするという壮大なプロジェクトだ。

日本がかつて成功させた太平洋ベルト地帯がモデルになる。高速貨物鉄道の建設を進めるのと同時に、周辺地域に経済特区(SEZ)や工業団地、発電所を開発していく。経済特区に進出した外国企業については100%の出資を認めるほか、税制面での優遇措置も大きくなっている。物品税やサービス税が全額免除になるほか、法人税も特区への進出後5年間は全額免除になる。新たにつくられる経済特区には、日本企業も製造業を中心に多数進出する予定で、すでに日本企業が沿線地域を視察する動きも出てきている。また、デリーとムンバイ間だけでなく、デリーとコルカタを結ぶ貨物鉄道のプロジェクトもスタートする。デリー・ムンバイ間、デリー・コルカタ間の高速貨物鉄道の総工費は2800億ルピーにも達する見込みだ。

発電量の拡大も急いでいる。インドでは、モンスーンが発生して気温が45度ぐらいまで上昇する夏場に、停電や電圧の低下が起こりやすくなっている。これはエアコンを使用する家庭や事務所が増えるためだ。

電力については、インド電力省が、原子力発電などを積極的に導入しながら、発電設備容量を現在の1億2228万キロワットから、2012年には2億1200万キロワットまで拡大させる計画を策定している。

最近では、インド政府によって「ウルトラ・メガ・パワー・プロジェクト」が打ち出された。これは民間資本を積極的に活用しながら、総出力が4000メガワット級になる巨大発電所を、全国7カ所以上で建設するという計画だ。インド西部に位置するグジャラート州のムンドラ発電所が同プロジェクトの第1号として着工されている。

また、ビジネス旅行の拡大に伴い、既存の空港がパンク寸前となっているため、民間資本を導入しながら空港新設のプロジェクトも進められている。08年3月には、ハイデラバードで新国際空港がオープンした。インド政府は、既存の空港の整備や空港建設のために、7年間で120億ドルの資金が必要になるとみている。

そうした状況下、インドでも「イスラム金融」を振興して、これをインフラ投資に役立てようという動きが広がりつつある。

インドのムスリム人口は約1億5千万人に達し、全人口の13・4％を占めている。ムスリムの年間収入は総計480億ドルに達すると推計されているが、厳格なムスリムの多くはインド国内の金融機関に預金口座を持っておらず、現金のかたちで資産を保管している。

これまでインドでは、シャリーア（イスラム法）に適合したイスラム銀行の設立が認められていなかったため、これがムスリムのタンス預金の増加につながったと考えられる。インドの銀行法では、イスラム銀行のように損益を分配するといった形で投資をすることができない。もちろん、厳格なムスリムが利用するイスラム金融はあったが、それは銀行ではなくノンバンクの形態であり、また規模も小さなものにとどまっていた。

ただ、最近では、インドのインフラ整備などにムスリムの巨大な資産を活用しようという機運が高まっており、インド準備銀行（中央銀行）はイスラム銀行の認可を検討する専門の委員会を設置、イスラム銀行を認可する方向で検討に入った。英国のスタンダード・チャータード銀行をはじめとする外資系の金融機関も、認可を待って、インドでイスラム銀行を開設しようとしている。

また、イスラム保険の「タカフル」をインド国内で開設しようという動きも出てきている。「タカフル」については、インドのノンバンク大手、パーソリ・コーポレーションがインド政府に認可を申請しているところだ。現状ではインドのムスリムの保険加入率は1％にも満たないため、「タカフル」の開設が認可されれば、ムスリムの保険加入率が一気に高まる可能性もある。

そのほか「イスラム金融」の取引形態には、株式市場において、シャリーア適格銘柄への投資という形態もあるが、この部分に関しては、オイルマネーで潤うGCC（湾岸協力会議）諸国などから、インドの株式市場に巨額の投資が行われている。

株式がイスラム資金の投資対象として認められるためには、シャリーア（イスラム法）適格である必要があるのだが、インドにはシャリーア適格の株式銘柄が多数存在しているといわれ、そうした銘柄にオイルマネーが流れ込んできているのだ。

実際、インドのムンバイ証券取引所の「ＢＳＥ５００」という株価指数を構成する銘柄のうち、「シャリーア適格」となった銘柄数の推移をみると、年々、急激に増加している様子が分かる（図表24）。06年時点では２３７社が「シャリーア適格」に認定された。

エジプトのインフラ投資にオイルマネーが流入

「イスラム金融」の有力新興国グループ、「ＭＥＤＵＳＡ」の一角を占めるエジプトにおいてもインフラ投資のための資金需要が拡大するようになってきた。

エジプトでは、１９２２年に英国から独立する以前から、英国の資金援助により各種のインフラ整備が積極的に進められていた。アフリカ大陸で最初に鉄道が開通したのはエジプトで、１８５０年代には、すでにカイロとアレキサンドリアの間を鉄道が走っていた。

しかし、近年では空港、港湾、鉄道、道路といった社会インフラが老朽化するようになっており、新しいインフラに変えなくてはならなくなっている。また、高い経済成長が続くなかで、

図表24 インドのシャリーア適格銘柄数

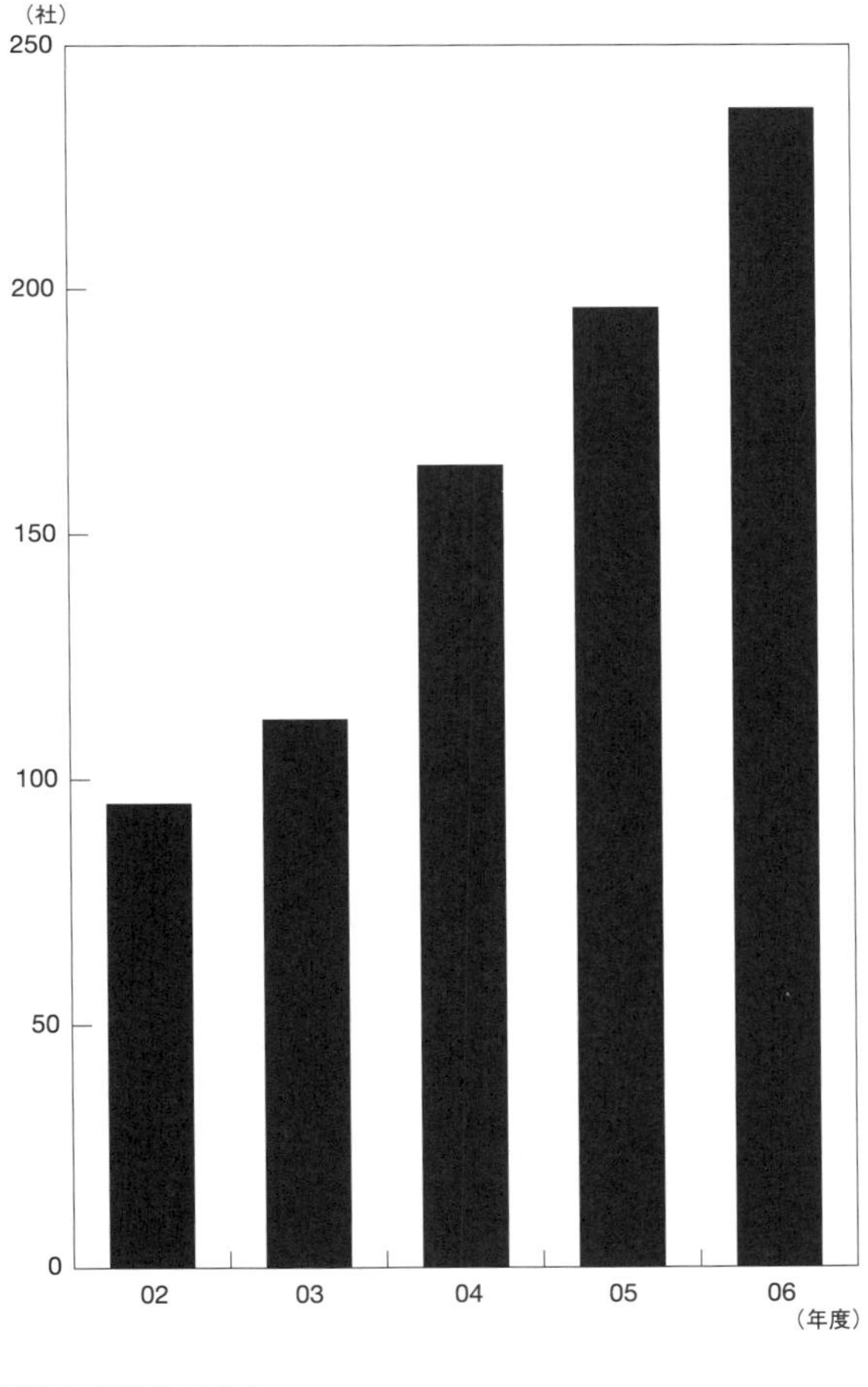

（出所）CMIE資料より作成

新規のインフラ投資の必要性も高まっている。

エジプト政府は、財政赤字や巨額の債務残高を抱えているため、各種のインフラ整備を進めるにあたっては、内外の民間部門の資金を積極的に活用する方針だ。

各種のインフラのなかでも、エジプト政府がとくに力を入れているのが、鉄道を中心とした運輸関係のインフラ整備である。エジプトが交通インフラに注力する背景のひとつには、車両や信号機など鉄道設備の老朽化などによって、列車事故が頻繁に起こるようになったことがある。06年8月には、早朝に通勤列車同士が衝突して、58人が死亡するという事故が発生した。

国営の鉄道については、約1700億円の資金を投じて近代化を進める。また、地下鉄の整備も進めており、カイロ市内とカイロ空港を結ぶ地下鉄線の建設計画では、日本の三菱商事がエジプトの地下鉄公団から車両48両（約80億円）を受注した。エジプトに納品する車両は、東芝や近畿車両などが製造する。

エジプトはイスラム圏にあるため、湾岸協力会議（GCC）の各国が、エジプトのインフラ整備に巨額のオイルマネーを投資するといった動きも出てきている。

たとえば、06年には、UAE（アラブ首長国連邦）の「ナショナル・ホールディング・アブダビ」や、バーレーンの「ガルフ・ファイナンス・ハウス」などが、エジプトの運輸インフラに投資をするための持ち株会社を設立した。

新しく設立した持ち株会社は、高速道路、港湾、鉄道などの分野に、総額およそ3兆円を投資する予定となっている。

東西回廊・南北回廊でインドシナ経済圏誕生か

ＡＳＥＡＮ（東南アジア諸国連合）地域でも各種のインフラ投資が活発化しており、主要国の経済活動全体に占めるインフラ投資の割合は年々高まる傾向にある。

とくに近年になってインフラ整備が急ピッチで進んでいるのが、ベトナム、カンボジア、ラオス、ミャンマー、タイといったメコン川流域に位置する国々だ。

この背景には、92年に始まったアジア開発銀行の地域協力プログラム「メコン川流域開発計画（ＧＭＳ）」が進行していることがある。

運輸、エネルギー、通信、観光など8分野からなる「メコン川流域開発計画」のなかでも、とくに注目されるのが、物流網の拡大だ。

これまではインドシナ半島の交通網が発達していなかったため、ＡＳＥＡＮ域内で物資を輸送することが困難になっていた。

一連の「メコン川流域開発計画」によって、そうした状況の改善が見込まれる。物流網の改善を図る計画のひとつに「東西回廊」のプロジェクトがある。このプロジェクトは、ベトナムのダナンを玄関口として、ラオス、タイ、ミャンマー（モーラミャイン）までをつなぐ幹線道路をつくるというものだ。その全長は１４５０キロメートルにもなる。日本政府は円借款《しゃっかん》を中心とするＯＤＡ（政府開発援助）などによって、「東西回廊」に多額の資金援助、技術供与をしてきた。

06年12月20日には、「第2メコン国際橋」（タイのムクダハンとラオスのサバナケットを結ぶ橋）が開通し、「東西回廊」がほぼつながることになった。「第2メコン国際橋」も日本からのＯＤＡによって建設されたものだ。

「東西回廊」が完全につながれば、インドシナ半島の物流事情は劇的に改善することになる。ベトナム、タイ、ラオス、ミャンマーの経済的な結びつきが強まり「インドシナ経済圏」が形成されるだろう。

ただ、現在の「東西回廊」は道路の舗装などがまだ十分でないため、すべての道路を完走するのに4〜5日程度かかってしまう。当初の予定では、2〜3日で「東西回廊」を完走できるとされていた。

このため日本政府は、「東西回廊」の路面整備、街灯の取り付けなどの目的で、さらに２０００万ドルの無償資金協力を行うことを決定した。

一方、「メコン開発計画」では、もうひとつ「南北回廊」のプロジェクトも進んでいる。このプロジェクトは、中国南部の雲南省（昆明）からラオスを経由してバンコクを幹線道路でつなぐというものだ。その全長は約1900キロメートルに達する見込みである。「南北回廊」のプロジェクトが完全に終了するのは2011年頃になる予定だ。なお、「南北回廊」の建設に必要な資金は、中国政府とタイ政府が負担する。

金・プラチナ高騰の一因は南アの電力不安

南アフリカも、遅れ気味となっている各種のインフラの整備を国家目標として掲げている。とくに、04年5月15日、南アフリカが10年のサッカー・ワールドカップ開催国に決定してからは、開催までの6年間に基本的なインフラを充実させておこうと、球技場建設、空港、道路、鉄道、港湾、宿泊施設、放送設備などの整備を急ピッチで進めるようになった。空港設備については、ヨハネスブルク国際空港の改修工事に着手しており、05年から09年までの期間に52億ランドが投じられる見込みだ。

南アのW杯組織委員会は、サッカー・ワールドカップ関連の投資による経済効果が、最終的に300億ランド以上に達すると見積もっている。

05年に発表された南ア政府の中長期経済計画によると、GDP（国内総生産）に対するインフラ投資の割合を現在の5・2％から6・7％まで引き上げていくとしている。計画どおりにインフラ投資が進められると、金額ベースのインフラ投資額は、現在の年間720億ランドから、将来は年間1350億ランドまで拡大することになる。

様々なインフラのなかでも、とくに緊急の整備が必要とされているのが電力のセクターだ。現在、南アフリカでは電力不足の問題が深刻化しており、停電や電圧の低下が頻繁に発生している。

08年に入ってからは電力不足に伴う計画停電の実施などによって、金鉱メーカー、プラチナメーカーなどの生産活動にも支障が出てくるようになった。最近、金やプラチナの国際価格が高騰しているが、この一因として、主要産地である南アフリカで電力不足が発生して供給不安が高まったことが挙げられる。

電力不足の問題が表面化した背景には、南ア政府の甘い需要見通しがある。98年当時、南ア政府は電力需要が、今後10年間で年率プラス3・5％程度のスピードで拡大するという見通しのもとで、電力設備の増強を図ることを計画した。しかし、その後、電力需要は政府の見通しをはるかに上回る速いスピードで拡大していったのだ。

電力・ガス・水道分野の実質設備投資額は、00年から07年までの間に2・9倍にも膨らんでいるが、いまなお需要の拡大に供給能力のアップが追いついていない。

また、南アの発電施設は、火力発電がメインになっており、その多くが石炭を原料に使っているのだが、石炭が不足していることも短期的な発電量の制約要因になっている。

南アフリカには、ムスリムが100万人の規模で存在しており、全人口の2・1%程度を占める。

ムスリムが多いため、イスラム銀行の拡大など、金利の取引を伴わない「イスラム金融」を振興しようという動きも出てきている。

「イスラム金融」の振興によって、原油高で潤うオイルマネーが南アフリカに流入してくるようになれば、オイルマネーを積極的に活用することが可能となり、それをテコにしたインフラ投資を進めていくことができるようになるだろう。

いまこそ原油依存体質から脱却、GCC諸国

さらに、GCC（湾岸協力会議）諸国が、自国のインフラ整備のために、「イスラム金融」を利用して海外からの投資を促していることも、今後の「イスラム金融」の発展を支えることになるだろう。

GCC諸国は、原油価格の高騰で経済が潤っているいまのうちに原油依存体質から脱却することを目指している。

そして、製造業、商業、金融業、IT産業、観光産業の育成など経済の多角化を進めるのに

合わせて、発電所やオフィスビル、住宅施設、商業施設といった各種のインフラ整備を積極的に展開している。

UAE政府の発表によると、GCC諸国でのインフラ投資の規模は、07年から12年までの期間で、総計1・3兆ドルに上るということだ。米国全体のサブプライムローンの貸出残高が1・3兆ドルといわれているので、その金額に匹敵する規模となる。同期間中に実施される投資プロジェクトの数は、2000を上回る。

GCC諸国のうち、インフラ投資の金額が最も多くなるのは、UAE（とくにアブダビとドバイ）とみられており、3000億ドルのインフラ投資が実施される予定である（図表25）。そのほか、サウジアラビアが2800億ドル、クウェートが2150億ドル、カタールが1300億ドルになるとみられる。

各種のインフラ整備を進めるにあたっては、オイルマネーを充当することはもちろんのこと、外国企業を直接誘致したり、あるいは「イスラム金融」を活用して海外の投資家から出資された資金を投資プロジェクトに投入しようとしている。

GCC諸国のなかで最大のインフラ投資額が見込まれるUAEでは、インフラ整備にあたって、石油化学やアルミ、鉄鋼など資源関連の有力企業を海外から誘致しようとしている。資源関連の有力企業がUAEに進出する動きはまだ本格化していないが、建設業では、すでにアジ

図表25 2007年〜2012年にかけてのインフラ投資予定額

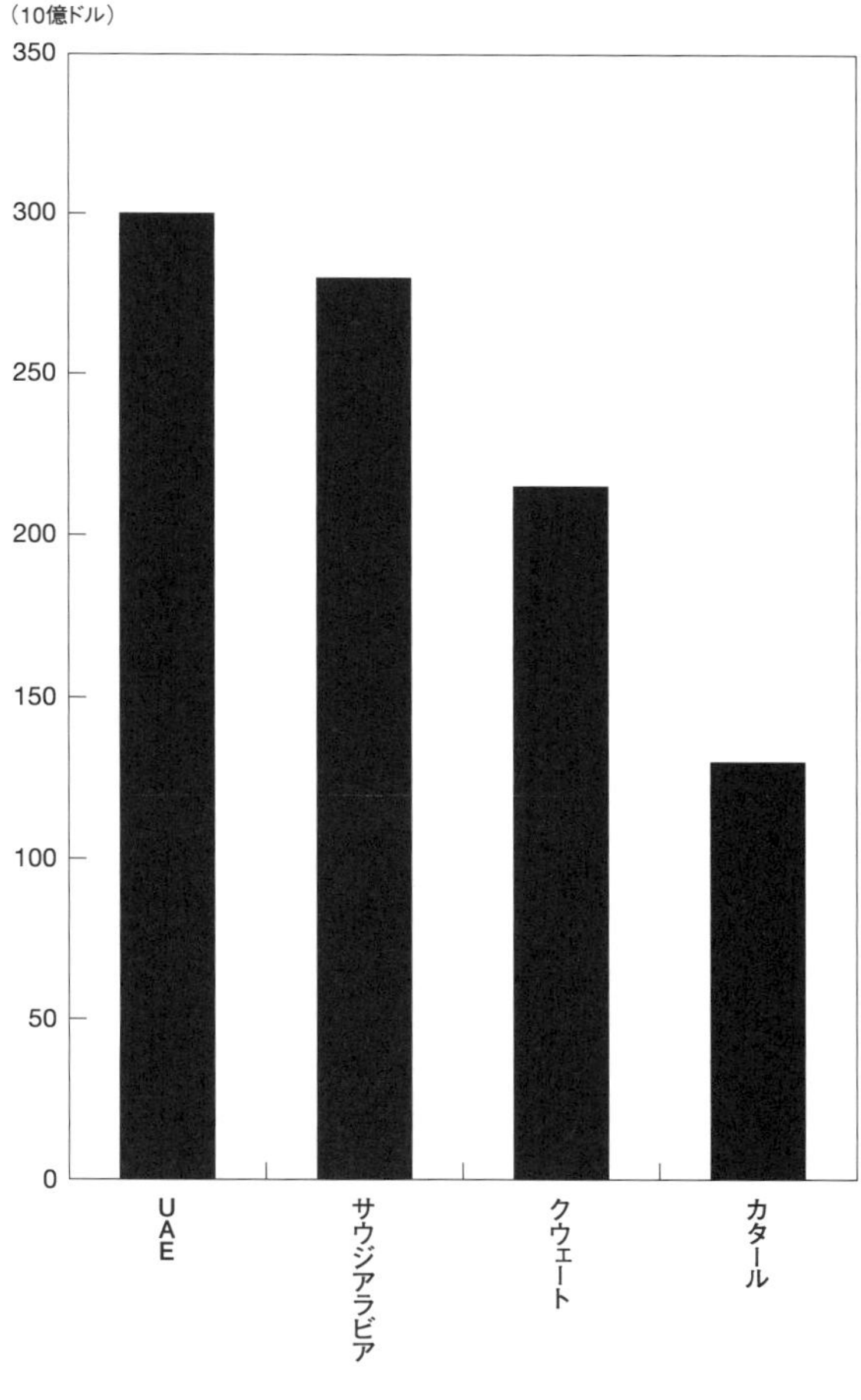

（出所）UAE政府資料

アの有力企業が大型案件を受注するようになってきた。

アジアの国々では、韓国やインドの企業がUAEへの進出を加速しており、最近でも韓国の建設会社がドバイ政府から大型のオフィスビル建設を受託している。また、UAEのインフラ整備では、外国人労働者が建設現場で働いており、地理的に近いインドからたくさんの出稼ぎ労働者がUAEに入ってくるようになった。

UAEに次ぐインフラ投資額が見込まれるサウジアラビアでも経済特区の開設などによって外国企業を積極的に誘致している。最近では、韓国企業が日本企業と提携するかたちで、サウジアラビアで海水淡水化プラントを建設するといった動きも出てくるようになった。

IT関連産業の振興を図るサウジアラビアでは、年金資金を使ってリヤド国際空港の近くに「ハイテクパーク」をつくる計画が出ている。この計画では、通信網の整備だけで1500億円から1800億円規模のインフラ投資が行われる予定だ。韓国のサムスングループはすでにサウジアラビアに進出しているが、新たに建設される「ハイテクパーク」への移転に意欲を示している。

スクーク&プロジェクト・ファイナンスを積極活用

GCC各国が、各種のインフラ整備・開発のために必要となる巨額資金を調達するにあたっては、「イスラム金融債（スクーク）」を活用したり、「プロジェクト・ファイナンス」を活用したりするケースが多い。

一部の読者は、「ＧＣＣ諸国は、オイルマネーを原資とする巨大な政府系ファンドを持っているのだから、インフラ投資のための資金は、政府系ファンドから調達すればいいのではないか？」と思うかもしれない。だが、現状では「スクーク」や「プロジェクト・ファイナンス」で資金を調達する際のコスト（費用）のほうが、政府系ファンドが資金を運用することによって得られるプロフィット（利益）よりも小さくて済む。巨額の資金調達をする必要があるとき、新たに借金をして定期的におカネを返済していく際の負担よりも、自分のいま持っている資産の増えるスピードのほうが速いのであれば、誰でも自分の資産を使わずに借金をすることを選ぶだろう。それと同様の理由で、ＧＣＣ各国は、インフラ整備をするにあたって、政府系ファンドの資金を利用するよりも「スクーク」や「プロジェクト・ファイナンス」で資金を調達しているのだ。

スクークについてみると、ＧＣＣ全体でスクークの発行額が増えている。ＧＣＣ6カ国のなかでも、とくにスクークの発行が顕著に伸びているのがサウジアラビアだ。

現在、サウジアラビアでは、スクークの発行ラッシュが巻き起こっている。サウジアラビアでは、これまでスクークの需給バランスを考慮して、国内におけるスクークの発行に上限を設けていたのだが、最近では、上限規制を相次いで緩和するようになった（当初の上限30億リヤルから現在は80億リヤル）。これは、大型プロジェクトを実施するために巨額のスクークを発行しても、スクークの世界需要が旺盛なので、発行したスクークのすべてが順調に消化されているためだ。

また、GCCではインフラ投資で「プロジェクト・ファイナンス」を活用するケースも増えてきている。中東諸国の「プロジェクト・ファイナンス」では、不良債権処理を終えた日本のメガバンクが大活躍をしている。

三菱東京UFJ銀行、三井住友銀行、みずほコーポレート銀行などがGCCの地域に進出しており、インフラ投資の案件で大型の「プロジェクト・ファイナンス」を積極的に手がけている。「プロジェクト・ファイナンス」では、事業から得られる直接的な収益に加えて、資金調達の計画を提案することによっても、アドバイザーとしての収益を得ることができる。

風力発電や水力発電、地熱発電などGCCにおける「プロジェクト・ファイナンス」の案件は、今後、どんどん増えていくことが予想される。またGCCだけでなくD8（イスラム開発途上8カ国）などでも「プロジェクト・ファイナンス」へのニーズが高まりつつある。そうしたなかで、イスラム圏に進出した日本のメガバンクにとっては、「プロジェクト・ファイナンス」が大きな収益源のひとつとなってくるだろう。

コラム

バブルにはならない?

「イスラム金融」への関心が高まっている背景のひとつに、米国で発生したサブプライムローン(低所得層向けの住宅融資)の焦げ付き問題があります。カネ余りとなっていた米国では、あり余ったおカネの多くが住宅市場に向かって住宅価格にバブルが発生しました。そのバブルが破裂して住宅価格が下落するようになったため、低所得層を中心に、自分の住宅資産を担保にして、住宅ローンを返済していくことができない人が急増するようになったのです。住宅ローンの焦げ付きという問題だけであれば、その悪影響は米国経済に限定されるのですが、やっかいなことにサブプライムローンは証券化されて、ヘッジファンドなどが購入、世界中にサブプライム関連の金融商品が拡散していきました。その結果、米国のサブプライム問題の影響が欧州や日本にまで飛び火、世界的な信用収縮という流れにつながったのです。

しかし「イスラム金融」の場合には、基本的に金融活動は生産活動と1対1で対応する仕組みになっています。何らかの生産活動があって、それにおカネを投資する形式になるので、投機的なおカネが住宅市場に流れ込んで、住宅バブルやその崩壊につながるといった現象は起きづらいのです。

エピローグ　日本経済とイスラム金融

アメリカ型グローバル資本主義の対抗軸

本書では、成長著しい「イスラム金融」と、それを振興する国々の社会・経済について、最新の動向を解説してきた。読者のみなさんは、「イスラム金融」の基本的な仕組みや将来の可能性について、見識を深めることができたのではないか。本書を読み終わって「『イスラム金融』は面白い！」と思っていただければ、筆者にとって望外の喜びである。

ムスリム人口が急激に増加するだけでなく、経済発展とともにひとりひとりのムスリムの収入や資産規模が拡大していくなかにあって、今後は、ムスリムが活用する「イスラム金融」も飛躍的に発展していくことが見込まれる。

第一章で詳しく述べたように、現状では、「シャリーア（イスラム法）」の基準が各国ごとに異なるため、それが世界規模で「イスラム金融」が拡大する際の障害になっている側面もあるのだが、将来的に「シャリーア」のグローバル・スタンダード（国際標準）が確立されることになれば、「イスラム金融」がいまよりもずっと速いスピードで拡大していく可能性がある。「イスラム金融」が、世界の金融マーケットを席巻《せっけん》するようになるのは、それほど遠い先の話ではないのかもしれない。

筆者は、将来、「イスラム金融」がアメリカ型のグローバル資本主義の対抗軸になってくるのではないかと考えている。

戦後最悪の経済事件ともいわれるサブプライム問題によって、アメリカ型のグローバル資本主義の限界やリスクがあらためて浮き彫りになった。アメリカ型のグローバル資本主義のもとでは、マネーが現実の経済活動を離れて暴走してしまうおそれがある。そして、膨れ上がったマネーは、バブルの発生と崩壊を通じて、あるいは物価の高騰を通じて（モノに対してマネーの量が増えると、マネーの価値が下がってモノの値段が上がる）、現実の経済活動に悪影響を及ぼす凶器にもなるのだ。

その点、イスラム教の教えに従う「イスラム金融」では、マネーと現実の経済活動が密接に結びついているので、グローバル資本主義のようにマネーだけが一人歩きしていくようなことにはならない。

日本のムスリム人口は18万人

最後に、日本における「イスラム金融」の可能性について考えてみたい。日本のムスリム人口は2006年で18・3万人、総人口に対する比率ではわずか0・14%にすぎない。このため、残念ながらムスリムが利用する「イスラム金融」が日本国内で大きく発達していく余地は小さいといえる。

ただし、間接的なかたちで、日本と「イスラム金融」が結びつきを強めていくことは間違いない。

たとえば、サブプライムローン（低所得層向けの住宅融資）の焦げ付き問題や政治問題の影響などにより日本国内の株式市場が低迷するなか、日本の個人投資家が、「イスラム金融」を振興して高い経済成長を実現している国々に投資をする動きは広がってくると予想される。

これまで個人投資家が新興国に投資をする際には、ＢＲＩＣｓ（ブラジル、ロシア、インド、中国）や、ポストＢＲＩＣｓのＶＩＳＴＡ（ベトナム、インドネシア、南アフリカ、トルコ、アルゼンチン）などがその中心となっていたが、07年頃からは、中東諸国、あるいはアフリカ・東南アジアで「イスラム金融」を振興する国々への関心が急速に高まってきている。中東諸国をテーマにした投資信託（ファンド）の設定も増加傾向にある。

ドバイ政府系ファンドがソニー株を大量取得

また、日本からの投資が増えるだけでなく、「イスラム金融」を振興する国々から日本への投資が増えてくることも予想される。すでにそうした動きは出てきており、たとえば、07年11月26日には、ドバイの政府系投資会社「ドバイ・インターナショナル・キャピタル（DIC）」が、日本の家電メーカー、ソニーの株式を大量に取得したと発表して、市場関係者の注目を集めた。DICがソニー株の取得を発表した直後には、オイルマネーの流入期待でソニーの株価が急騰した。ソニーの出井伸之前会長が、DICの組成したファンドの助言役に就任している。

今後、DICは、ソニーだけでなく、新興国市場で積極的なビジネス展開をしている日本の自動車メーカーなどにも投資をしていく方針だ。DICは、08年から10年までの3年間で、日本・インド・中国での資産運用残高を合計50億ドルにするとしている。

DICに限らず、今後、シャリーアに適合する日本株については、中東諸国からの資金流入が加速してくるだろう。

日本においても、巨額に上るオイルマネーを呼び込むことを目的として、中東のムスリムが日本株に投資をしやすい環境を整えるといった動きが出てきている。

たとえば、米国の大手格付け会社スタンダード・アンド・プアーズ（S&P）は、東京証券取引所と協力して、「シャリーア」に適合した日本株指数「S&P／TOPIX150シャリア指数」を開発、07年12月3日から算出を開始した。

それまでは、中東諸国のムスリムが日本の株価指数に投資をしようとしても、株価指数を構成する銘柄のなかに、シャリーアの規定で投資できないものが含まれていたため、投資できないという問題があった。今回、S&Pが新たに開発した「シャリア指数」は、シャリーアに適合しない銘柄を外すかたちで日本の株価指数が作成されている。「シャリア指数」の構成銘柄は当初79（08年3月15日現在は81）となっており、金融、アルコール、豚肉、たばこ、貴金属などを取り扱う銘柄や、借り入れの多い銘柄が通常の株価指数から除外されている。

先に紹介したインドにおける「シャリーア適格銘柄」の数（237銘柄）と比べると、日本のほうが少ないが、これはシャリーア選定の対象となるもともとの銘柄数がインドの500銘柄に対して日本は150銘柄と、少なくなっていることによる。「シャリーア」選定の対象となる銘柄全体に占める「シャリーア適格銘柄」の割合でみれば、インドの47・4％に対して日本は54％と遜色のない水準となる。今後は、シャリア指数に連動する上場投資信託（ETF）も登場する予定だ。

中東諸国のムスリムが上場投資信託（ETF）などを通じて日本の優良株で構成される「シャリア指数」に投資をすれば、日本の株式市場全体と連動するようなかたちで資産運用をすることが可能となる。将来的には、「シャリア指数」構成銘柄へのオイルマネーの流入が、日本の株式市場が低迷から抜け出すきっかけになるかもしれない。

日系企業初のイスラム金融債発行

さらには、日本の企業が海外で「イスラム金融」を活用するような動きも出始めている。たとえば、イオンクレジットサービスは、07年に日系企業としては初めてとなる「イスラム金融債」をマレーシアで発行した。イスラム金融債の発行高は4億リンギ（約136億円）に上る。同社は「イスラム金融債」の発行で調達した資金をクレジットカードビジネスに関連したシステム投資などに充てる。なぜ、同社が銀行からの借り入れではなく、「イスラム金融債」で資金調達をしたかといえば、銀行からの借り入れよりも低いコストで資金を集めることができるからだ。

なぜ「イスラム金融債」だと低コストで資金を調達できるかといえば、オイルマネーで潤う中東諸国の投資家を中心に、「イスラム金融債」を買いたいと思う人がたくさんいるからである。「イスラム金融債」を買いたい人の数が、イスラム金融債を発行しようという人の数よりも多ければ、当然、需要と供給のバランスから、より少ない配当（一般銀行からお金を借りる際の支払い金利に相当）の支払いで、「イスラム金融債」を発行することが可能になる。

イオンクレジットサービスは、同年に、「イスラム金融」の手法で、個人向けの無担保融資のビジネスもマレーシアで展開するようになった。

一方、保険の分野では、日本の金融機関がイスラム保険の「タカフル」を積極展開している。たとえば、東京海上日動火災保険を傘下に持つミレアグループは、サウジアラビアやインドネシア、マレーシアなどで「タカフル」の事業免許を取得しており、今後も様々な国で「タカフル」の事業を展開していく予定だ。イスラム圏の人たちの保険加入率は低いので、今後「タカフル」の市場が拡大する余地は極めて大きいといえる。

日本はこれまでイスラム圏の諸国と比較的良好な関係を維持してきた。今後は「イスラム金融」をキーワードとして、日本とイスラム圏の国々の経済関係がよりいっそう強まってくることになるだろう。とくに、マレーシアやインドネシアなど日本と地理的に近いアジアのイスラム諸国との関係の強化が期待される。

最後となったが、本書の執筆にあたっては、前著『世界一身近な世界経済入門』に続いて、幻冬舎編集部の小木田順子さんに大変お世話になった。記して感謝したい。

2008年4月30日

BRICs経済研究所　代表　門倉貴史

著者略歴

門倉貴史《かどくらたかし》

一九七一年神奈川県生まれ。
慶應義塾大学経済学部卒業後、㈱浜銀総合研究所に入社。
㈱第一生命経済研究所主任エコノミスト等を経て、
二〇〇五年七月よりBRICs経済研究所代表を務める。
〇八年度同志社大学大学院非常勤講師。
専門は、日米経済、アジア経済、
BRICs経済、地下経済と多岐にわたる。
『世界一身近な世界経済入門』(幻冬舎新書)、
『ワーキングプア』(宝島社新書)、
『官製不況』(光文社新書)など、著書多数。

幻冬舎新書 080

イスラム金融入門

世界マネーの新潮流

二〇〇八年五月三十日 第一刷発行

著者 門倉貴史

発行者 見城 徹

発行所 株式会社 幻冬舎

〒一五一-〇〇五一東京都渋谷区千駄ヶ谷四-九-七

電話 〇三-五四一一-六二一一(編集)
〇三-五四一一-六二二二(営業)

振替 〇〇一二〇-八-七六七六四三

ブックデザイン 鈴木成一デザイン室

印刷・製本所 図書印刷株式会社

Printed in Japan ISBN978-4-344-98079-2 C0295

か-5-2

幻冬舎ホームページアドレス http://www.gentosha.co.jp/

*この本に関するご意見・ご感想をメールでお寄せいただく場合は、comment@gentosha.co.jp まで。

幻冬舎新書

門倉貴史
世界一身近な世界経済入門

生活必需品の相次ぐ値上げなどの身近な経済現象から、新興国の台頭がもたらす世界経済の地殻変動を解説。ポストBRICs、産油国の勢力図、環境ビジネス……世界経済のトレンドはこの1冊でわかる！

橘　玲
マネーロンダリング入門
国際金融詐欺からテロ資金まで

マネーロンダリングとは、裏金やテロ資金を複数の金融機関を使って隠匿する行為をいう。カシオ詐欺事件、五菱会事件、ライブドア事件などの具体例を挙げ、初心者にマネロンの現場が体験できるように案内。

手嶋龍一　佐藤優
インテリジェンス　武器なき戦争

経済大国日本は、インテリジェンス大国たる素質を秘めている。日本版NSC・国家安全保障会議の設立より、まず人材育成を目指せ…等、情報大国ニッポンの誕生に向けたインテリジェンス案内書。

坪井信行
100億円はゴミ同然
アナリスト、トレーダーの24時間

巨額マネーを秒単位で動かし、市場を操るトレーディングの世界。そこで働く勝負師だけが知る、未来予測と情報戦に勝つ術とは？　複雑な投資業界の構造と、異常な感覚で生き抜くプロ集団の実態。